**역경의 시대,
지속가능한 성과를 내는 리더의 조건**

거인의 리더십

역경의 시대, 지속가능한 성과를 내는 리더의 조건

거인의 리더십

What Makes a Great Leader

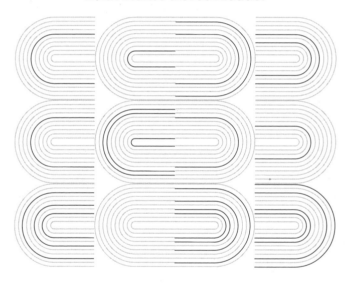

신수정 지음

앳워크

늘 곁에 두고 펼쳐보는
'리더십 교과서'

내가 기업에서 리더로서 첫 출발을 한 것은 33세였다. 박사학위를
마치고 대기업에 경력사원으로 입사한 지 1년도 채 되지 않은 어
느 날, 사업부장은 내게 공동창업을 하자고 권했다. 입사한 지 얼
마 안 된 나를 누구보다도 인정해주고 역할을 맡겨준 분이라 믿
고 모험을 시작했다. 결국 사업부장과 나 그리고 또 한 명 그렇게
세 명이 공동창업을 시작하게 되었다. 그때부터 나의 본격적인 리
더 생활이 시작되었다.

사실 리더가 무엇을 해야 하는지, 어떻게 해야 하는지, 배워
본 적도 없었지만 목표를 정하고 같이 뒹굴고 때로는 가르치고 이

끌면서 미친 듯이 팀장이자 경영자로 리더 생활을 했던. 3명으로 시작해서 이후 60명이 되었다. 그것이 첫 번째 단계였다.

두 번째 단계는 해당 회사를 코스닥 기업에 넘긴 후 50명 정도의 대기업 벤처에 사업본부장으로 들어가서 리더 역할을 한 시기이다. 12년간 구성원 50명의 기업이 800명이 넘는 기업으로 성장했고, 나는 7년 동안은 임원으로서, 5년 동안은 CEO로서 리더 경험을 쌓았다.

세 번째 단계는 대기업의 경영층으로 회사를 옮긴 후 대기업에서의 리더 생활이었다. 9년 동안 대기업에서 고위 임원으로서 리더 역할을 하면서, 한번은 수백 명으로 구성된 지원부서를, 또 한번은 수천 명으로 구성된 매출 4조 원 이상의 사업부서를 맡았다.

이러한 커리어를 목표로 하거나 설계한 적은 단 한번도 없지만 결과적으로 창업기, 성장기, 성숙기 단계, 수 명에서부터 수천 명까지의 구성원들, 스타트업, 중견기업, 대기업 등 다양한 필드에서 리더를 경험하였다. 신뢰할 수 있는 팀과 호흡을 맞춘 적도 있지만 완전히 새로운 환경에 혼자 입사해서 조직을 만들거나 확장한 적도 있었다. 큰 흐름에서는 성공적이었지만 속내를 들여다보면 실패도, 고통도, 팀이 깨지는 아픔도 겪었다.

이렇게 다양한 환경을 경험하면서 항상 고민했던 것은 "어떻게 구성원들의 마음을 하나로 모아 최고의 성과를 낼 수 있을까?" "조직의 성과를 낼 뿐 아니라 어떻게 하면 구성원들도 성장하고 행복하도록 도울 수 있을까?" "훌륭한 리더십이란 도대체 무엇일까?"였다. 이를 위해 수많은 책도 읽고 수많은 강의나 훈련 프로그램도 참여했다. 직접 현장에서 실험하고 시행착오도 겪었다.

리더십 관련 책은 대개 세 가지 유형이다. 첫째는 학자들이나 구루들이 쓴 책이다. 기본 원칙과 태도 등 리더십 기반을 쌓을 수 있게 도와준다. 그러나 불행히도 이상적인 말씀이 너무 많다. "누구나 한 대 맞기까지는 그럴 듯한 전략을 가지고 있다."는 타이슨의 표현이 적절하다. 이러한 리더십 책을 읽고는 좌절한 적이 한두 번이 아니다. 이런 책들에 따르면 리더는 모든 것이 완벽한 사람이 되어야 했다.

두 번째 유형은 코치들이나 강사들의 책이다. 이런 책들은 매우 실용적이다. 여러 회사들에 컨설팅이나 코칭 서비스를 제공하는 분들의 책인만큼 현실적인 리더십 기술에 대해 잘 설명해준다. 피드백을 어떻게 하고 코칭을 어떻게 하고 1:1 미팅은 어떻게 해야 하는지 성과 관리는 어떻게 해야 하는지 잘 알려준다. 대개 컨설턴트들이나 코치들은 자신이 전문적인 분야를 중심으로 리더십을 가르치는 경향이 있다. 그러나 현장에서의 리더십은 이보다 훨씬 복잡하고 다양하며 포괄적이다. 거시적이기도 하고 미시적이기도 하다.

마지막 유형은 CEO나 창업자들의 책이다. 이 책들은 대개 개인의 성공경험을 스토리로 제시한다. 이들의 책은 스토리가 분명하기에 읽으면 자극되고 가슴이 뛴다. 그러나 대부분 특수한 환경에서의 성공이며, 사후 해석이 되는 경향이 강하기 때문에 이를 일반화하여 적용하기 쉽지 않다.

나는 이 책에서 일반적인 CEO들이 하듯 나의 경험을 성공 스토리로 만들려 하지 않았다. 사실 엄청난 성공을 거둔 적도 없기에 그런 책을 쓸 수도 없다. 그렇다고 MZ세대와 어울리는 법, 팀장 리더십 등의 특정한 리더십 기법들을 이야기하고 싶지는 않았다. 이런 리더십 책은 이미 충분히 많다.

후배들이 오랫동안 교과서나 참고서처럼 간직하며 공부할 수 있는 '리더십 교과서' 같은 책을 쓰고 싶었다. 본질을 지키면서도 교수나 컨설턴트 같은 평론가의 관점이 아니라 현장에서 뛰는 플레이어의 관점에서 바라본 실전적인 내용이면서도 인간과 조직에 대한 이해 그리고 철학이 담긴 책을 쓰고 싶었다. 이 책이 바로 그러한 책이다.

이 책은 4부로 나누어진다. 1부에서는 "리더십이란 무엇인가?, 왜 우리는 리더가 되어야 할까?, 리더는 도대체 무엇을 하는 것인가?"라는 근본적인 질문에 답하고자 했다. 리더란 결국 구성원들을 움직여 성과를 창출하는 역할을 한다. 이를 위해 목표 관리, 일 관리, 사람 관리 세 가지를 하는 것이 리더의 역할임을 강조하였다.

2부와 3부에서는 본격적으로 조직과 사람을 움직이는 법을 다룬다. 조직을 움직이는 방법에는 '거시적'인 방법과 '미시적인' 방법, 두 가지가 있다. '거시적' 방법은 조직 전체의 목적과 틀을 만들어서 구성원들이 목표로 향하며 자발적으로 움직일 수 있도록 하는 것이다. 반면, '미시적' 방법은 구성원 개개인의 목적, 욕구, 가치, 성향 등을 파악하며 신뢰관계를 맺고 동기를 강화하며 코칭하고 피드백함으로써 개개인을 조직의 목표에 정렬하도록 돕는 것이다. 2부에서는 거시적 방법을 3부에서는 미시적 방법을 제시한다.

대부분의 리더십 책들은 3부의 내용을 다룬다. 구성원 개개인을 움직이기 위한 리더의 마음가짐, 태도와 기술을 강조한다. 이러한 기술은 매우 필요하다. 특히 작은 기업을 이끄는 경영자들이나 팀장 정도의 중간 리더들은 이러한 방법만 잘 사용해도 자신의 맡은 조직을 움직일 수 있다.

그러나 리더가 책임지는 조직의 규모가 커질수록 이러한 방법만으로는 한계가 있다. 왜냐하면 이러한 방법은 리더가 한 사람 한 사람에게 에너지와 시간을 쏟아야 할 뿐더러 꾸준해야 한다. 규모가 작을 경우 괜찮지만 규모가 커지거나 조직 전체를 리딩하는 경우는 지속가능하기 어렵다. 이에 더 큰 역할을 수행하려는 리더들은 미시적뿐만 아니라 거시적으로 조직 전체를 움직이는 방법을 숙달할 필요가 있다. 이는 마치 게임을 설계하는 것과 같다. 게임하는 룰과 인센티브를 설계하는 것이다. 그러나 기업은 단지 즐기거나 승리하는 데 그치지 않기에 조금 더 높은 차원의 철학 또한 필요하다. 그러면 그 목적과 틀 안에서 구성원들이 알아서 게임을 하게 되는 것이다.

2부, 3부에서 방법론을 다루었다면, 4부에서는 리더가 성공적인 커리어를 만들고 성숙하기 위한 개인의 기술들을 다루었다. 리더의 성장을 위한 위임과 변화관리 기술뿐 아니라 승진 전략과 처신의 기술, 성공을 위한 정치력, 상사 관리의 기술, 강약조절 기술 등을 제시하였다. 이에 더하여 리더가 빠지기 쉬운 위험들 또한 다루어 성숙을 향해 갈 수 있도록 했다. 이런 내용들은 산전수전을 겪은 현장 리더가 아닌 분들이 말하기 어려운 부분이다. 4부에서는 경험 많은 선배가 옆에서 때로 코칭하고, 때로 위로하는 마음으로 서술하였다.

이 책은 매우 독특한 책이라고 자부한다. 멋진 스토리로 독자들을 흥분시키거나 감동시키지 않는다. 논리적인 교과서 같은 형태를 띠고 있지만 그래도 현장의 고통과 향기를 담은 책이다.

사실, 현직에 있는 경영자가 이러한 리더십 책을 쓴다는 것은 너무도 큰 위험이다. 왜냐하면 지금도 나는 경기 중이고 평가받는 위치에 있기 때문이다. 나의 리더십에 대해 긍정적인 구성원들도 있지만 부정적인 분들도 있다. 이 책에서 말한 것과 다르게 실현된 부분도 있다. 리더십이란 그 누구도 자신할 수 없는 영역이다. 시작과 끝이 있는 것도 아니다. 그저 여정이다. 훌륭한 리더, 사랑받는 리더란 환상이며, 그 어떤 리더도 항상 반대와 비판 속에 있다. 이에 나는 이 책을 쓰면서도 두렵고 떨린다.

그럼에도 불구하고 이 시점에 책을 내는 이유는 나의 현장경험이 사라지기 전에 기록을 남기고자 함이며, 이 책을 통해 후배 리더들이 내 어깨 위에서 더 크게 서기를 원하기 때문이다. 비록 나는 작지만 나의 선배들로 인해 그들의 어깨 위에 선 것처럼, 나의 후배들 또한 내 어깨 위에서 거인으로 우뚝 서길 원한다. 나의 약함이 그들의 강함이 되기를 원한다. 이 책을 통해 후배 리더들이 다들 멋지고 훌륭한 리더로서 세상을 조금이라도 변화시키고 좋은 영향력을 발휘하기를 소망한다.

2023년 5월 어느 날
신수정

차례

2부 무엇이 조직을 움직이는가?

3부 어떻게 파워풀한 팀을 만들 것인가?

4부 리더의 기술

"선수를 코치하지 마라, 팀을 코치하라. 선수들에게 가르쳐야 하는 것은 '팀에서' 축구하는 법이다. 팀이 없으면 아무리 훌륭한 선수도 자신의 재능을 발휘할 수 없다. 팀이 이기는 것이 핵심이다."

- 조세 무리뉴(BBC, FIFA 선정 최고의 감독)

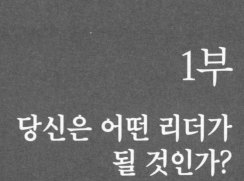

1부

당신은 어떤 리더가
될 것인가?

리더는 약한 개인들에게 영감을 주고 그들을 뭉치게 하여
개인으로서는 상상할 수 없는 무언가를 만들어낸다.
많은 사람들을 성장시킬 수도 있고, 그들의 잠재력을 끌어낼 수도
있으며 이를 통해 세상을 변화시킬 수도 있다.

1장

우리는 왜 리더가 되어야 할까?

조직에서 처음 리더가 된 분들과 이야기를 하면 대개 '열망과 두려움'이라는 두 가지 감정이 교차함을 볼 수 있다. 두려움이라 함은 '과연 자신이 리더로서 적합한 사람인가? 리더 역할을 잘 해낼 수 있을까?' 등의 의문이다. 《HBR^{Harvard Business Review}》에서는 사람들이 리더가 되기 두려워하는 세 가지 리스크를 이야기했다.

첫 번째는 대인관계 리스크이다. 리더가 되면 다른 사람들의 기분을 상하게 할 위험이 높다. 미움 받을 위험이 높다. 사람들의 마음을 상하게 하고 미움 받기를 좋아하는 사람들이 있을까?

두 번째는 이미지 리스크이다. 사람들의 선두에 나섰다가 다른 사람들에게 밉보일까 걱정이다.

세 번째는 책임의 리스크이다. 조직의 실패를 개인의 책임으로 가져가게 될 수 있는 위험이다.

원했든 원치 않았든 많은 사람들이 리더가 된다. 마치 아이를 낳은 후 저절로 아기 엄마가 되는 것처럼 리더십에 대해서 깊이 생각해보지도 또 그리 원하지도 않았던 많은 사람들도 어느 날 팀을 맡아 리더가 된다. 이후 리더십에 대해서 고민한다.

대다수 조직에서는 리더십이 있는 사람들을 리더로 앉히는 것이 아니다. 대개 자신의 일을 훌륭하게 수행하고 개인 성과가 뛰어난 사람을 리더로 앉힌다. 영업을 가장 뛰어나게 한 사람이 영업팀장이 되고, 기술에 가장 뛰어난 사람이 기술팀장이 되며, 개발을 제일 잘하는 사람이 개발팀장이 된다.

예전에 한 초임 팀장이 내게 와서 말했다. "저를 팀장으로 선임해주셔서 감사합니다. 앞으로는 두 배 더 열심히 일하겠습니다." 나름대로 각오를 보인 것이지만 불행히도 팀장의 역할은 팀원 2명의 일을 하는 것이 아니다. 센터포워드를 잘하는 축구선수를 축구감독을 시켰는데, 그가 감독이 된 후 앞으로 센터포워드 역할을 두 배 더 열심히 하겠다고 하는 것과 마찬가지이다.

리더는 자신의 일을 잘하는 사람이 아니라 팀을 움직이게 하는 사람이다. 이를 깨닫고 나면 많은 리더들은 혼란스러워한다. 팀원일 때는 자신만 열심히 하면 문제가 해결되고 인정도 받았다. 그런데 리더가 되면 자신만 열심히 한다고 목표가 달성되거나 문제가 해결되지 않는다. 팀원들의 미진한 일을 뛰어난 자신이 대신 열심히 해주는 것도 답이 아니라는 것을 발견하게 된다. 자신이 대신 해줄수록 구성원들은 더 리더에게 의존하게 된다. 이에 리더의 일은 점점 많아지고 팀원들은 최선을 다하지 않게 된다.

그렇다고 리더가 손을 놓고 팀원들에게 모든 것을 맡겨도 잘 돌아가지 않는다. 일을 배분하고 맡기기만 하면 구성원들은 리더는 놀면서 자신들을 감시만 한다고 생각한다. 이럴 수도 없고 저럴 수도 없다. 도대체 어떻게 해야 하는가?

리더가 회사의 담대한 목표를 구성원들에게 제시하면 구성원들은 눈이 반짝거리기는커녕 힘들어 한다. 리더가 강력한 의지를 보이며 혁신하려고 하면 할수록 팀원들은 더 반발한다. 팀장이라는 이유만으로 자신들과 다른 사람으로 취급하고 같이 하려하지도 않는 것 같다. 리더가 된다고 특별히 대우가 나아지지도 않는데 미움 받는 것 같다. 자신은 팀원들에게 최선을 다했는데도 다면평가 결과를 보면 팀원들의 불만만 가득하다. 팀의 성과라도 좋으면 보람이라도 있을 텐데 팀의 성과가 나쁘면 오로지 리더의 책임으로 가져가게 된다.

그래도 과거에는 리더들에 대한 대우가 좋았고 권위도 있었다. 팀장, 임원이 되면 사람들이 '모신다'는 표현을 쓰고, 그에 걸맞은 대우를 받았다. 싫던 좋던 그들의 말 한마디에 구성원들은 일사불란하게 따르고 인사권을 두려워했다. 물론 지금도 이러한 기업들이 적지 않지만 리더들에게 제공된 혜택은 점점 사라지고 있다. 수평적 문화라는 키워드하에 리더들에게 부여된 호칭, 사무실, 비서, 기사 등의 특권들과 리더들의 권위는 점점 사라져간다.

리더에게 복종하던 과거와 달리 지금은 지시를 하면 "왜?"라고 묻는다. 한 회사에서 평생 근무할 생각이 없는 많은 직원들은 인사평가에 대해서도 그리 두려워하지 않는다. 언제든 더 좋은 기회가 있으면 떠날 마음이 있고 굳이 팀장이나 임원이 되고 싶어하지도 않는다. 팀장은 오히려 MZ세대 팀원들의 눈치를 보고, 팀원들이 부서를 떠날까 회사를 떠날까 전전긍긍하는 지경이 되었다. 도대체 우리는 무엇 때문에 리더가 되어야 할까?

2장

리더십 역량은 리더 개인의
가치를 향상시킨다

흥미롭게도 과거 한국의 많은 리더들의 리더십 역량은 그리 뛰어나지 않았다. 리더십 역량이 뛰어나지 않아도 리더로서 역할을 그럭저럭 수행하고 성과도 거둘 수 있었다. 어떻게 가능했을까? 이유는 아이러니컬하게도 '균질한homogenous한 구성원들'과 '수직적 문화'에 있었다.

한국의 많은 기업들에서 구성원들의 다양성은 거의 없었다. 학력 수준, 가치, 승진 욕구가 대동소이한 구성원들이 모였다. 이러한 균질적인 구성원들을 리드하는 데 큰 어려움이 있을 리 없다. 게다가 조직문화는 대개 수직적이었다. 팔로워들이 알아서 리더의 지시를 받드는 문화였던 것이다. 이런 환경에서 굳이 리더십의 개발이 필요 없었다. 가끔 워크숍이나 회식을 통해 충분히 구성원들의 마음 관리를 할 수 있었다. 이에 많은 구시대 리더들은 자신이 매우 뛰어난 리더십을 가지고 있다고 생각하지만 실은 착각이었다.

이에 반해 글로벌 리더들은 과거부터 비균질적인heterogenous 환경에서 리더 생활을 해야 했다. 다양한 배경과 다양한 가치의 구성원들, 언제든 떠날 수 있는 마음을 가진 구성원들을 모아 성과를 내야 했기에 한국 리더들보다 리더십을 더 강화할 수밖에 없었다. 글로벌 임원들과 한국 임원들 양쪽 모두와 함께 일했던 글로벌 컨설팅 회사의 CEO가 한국 임원들의 가장 큰 약점은 '리더십'이라고 했던 것이 정확한 분석이다.

그러나 지금은 전환기에 있다. 한국의 조직에서도 균질화 문화가 비균질화로 바뀌고 있다. 수직적 문화가 수평적으로 바뀌고 있다. 이에 과거와 같은 리더십은 점점 효력을 발휘하기 어렵게 되었다. 이에 과거 방식의 리더십을 배웠던 새로운 리더들은 어려움을 겪을 수밖에 없는 것이다.

리더들 중에 특히 팀장들이 제일 힘들다. 임원이 되면 구성원들을 직접 리드하지 않는다. 임원들은 대개 팀장들을 리드한다. 사실 사람 관리라는 관점에서 보면 CEO가 제일 쉽다. CEO는 가치가 유사하고 능력이 출중한 임원들만 대면하게 되고 그들을 리드한다. 그러나 팀장들은 어떠한가? 생각과 가치가 가지각색인 다양한 구성원들을 직접 리드할 뿐 아니라 위로부터의 압력과 열정을 소화해야 한다. 따라서 가장 어렵다. 역설적으로 말하면 이렇게 팀장의 역할이 어렵기 때문에 리더십이 있는 인력은 점점 더 희소해지고 앞으로 그 가치는 더더욱 높아질 것이다.

이러한 시대는 리더들에게 새로운 기회를 제공한다. 대부분의 조직들이 리더십에 몸살을 앓고 있는 상황이다. 많은 구성원들이 리더를 회피하는 시대에 오히려 제대로 훈련된 리더의 진가와 가치는 더더욱 상승할 수밖에 없다. 더 높은 연봉과 대우 또한 따라오게 된다. 더 큰 조직을 경영할 수도 있고, 자신의 사업을 창출하고 확대하는 데 있어서도 매우 큰 무기가 될 수 있다. 이에 굳이 자신의 미래를 지금부터 제한할 필요가 없다. 리더십을 자신의 커리어 포트폴리오의 하나로 구성할 필요가 있다. 이는 자신의 선택을 더욱 유연하게 만들어줄 것이다. 이를 기반으로 지금 있는 조직에서 더 큰 책임과 역할을 맡을 수도 있고, 다른 회사로의 이동에 있어서도 큰 기반이 될 수 있다. 창업을 하고 경영을 한다고 해도 큰 자산이 될 것이다.

3장

리더는 자율성과 영향력을
발휘할 수 있다

리더의 또 다른 매력은 더 큰 자율을 확보할 수 있고 더 큰 도전과 책임을 통해 자신을 성장시켜 자아실현의 가능성을 높일 수 있다는 점이다. 연구에 의하면 권력이 높아질수록 육체적이나 심리적으로 더 건강함을 발견했다. 일반 상식으로는 책임이 커질수록 더 힘들고 더 쉽게 노화될 것 같지만 완전히 반대의 결과이다. 왜 이런 현상이 발생할까? 그것은 바로 '통제'의 힘, '자율성'의 힘 때문이다.

사람은 자기 스스로가 자신의 삶을 통제할 수 있을 때 더 건강하고 더 행복해진다. 리더의 위치는 책임지는 위치이긴 하지만 더 권한을 가질수록 스스로 더 많은 시간과 환경을 통제할 수 있다. 누구에게 통제받거나 지시받지 않고 스스로 시간관리를 할 수 있다. 자기 스스로 판단하고 의사결정할 수 있다. 더 큰 도전을 주도적으로 실행할 수 있다. 자신의 뜻과 말이 실행되는 결과를 볼 수 있다. 이는 조직의 발전뿐 아니라 자신의 발전과 성취를 가져오고 자아실현과 행복으로 이어질 가능성이 높다. 내게도 이것이 리더로서의 가장 큰 매력 중 하나이다.

리더의 또 다른 유익은 '영향력'이다. 리더는 한 사람이 움직이는 것이 아니라 조직을 움직인다. 이에 훨씬 더 큰 파워를 낼 수 있다. 마틴 루터 킹이라는 리더로 인해 흑인들은 뭉치고 자신들의 권리를 쟁취해내었다. 스티브 잡스라는 리더로 인해 애플의 구성원들은 하나로 뭉쳐 혁신을 이루어내었다.

한 사람 한 사람은 약하지만 뭉치면 강하고 세상을 변화시킨다. 리더는 약한 개인들에게 영감을 주고 그들을 뭉치게 하여 개인으로서는 상상할 수 없는 무언가를 만들어낸다. 많은 사람들을 성장시킬 수도 있고, 그들의 잠재력을 끌어낼 수도 있으며 이를 통해 세상을 변화시킬 수도 있다. 세상을 바꾸는 일은 엄청난 일을 해야만 하는 것은 아니다. 혁명을 하고, 아이폰을 만들고 아프리카를 구제해야지만 세상을 바꾸는 것은 아니다. 리더는 최소한 몇 사람에게는 영향을 줄 수 있다. 이들이 또 다른 몇 사람을 변화시킬 수 있다. 이것이 전파되어 변화를 확산할 수 있다.

어떤 사람은 원해서 리더가 되었고, 어떤 사람은 원치 않았는데 리더가 되었다. 그럼에도 불구하고 리더의 역할은 이야기한 바와 같이 큰 매력이 있다. 다시 한번 요약해보자.

첫째, 자신의 가치를 높일 수 있다. 리더는 인공지능에 의해 대치되기 어려운 역할이다. 세상이 더 불확실해지고 다변화되며 고도화될수록 유능한 리더의 수요는 더욱 높아진다. 자신이 창업을 하거나 사업을 확장시키고 더 큰 부를 얻기 위해서도 리더십은 필수적이다

둘째, 더 큰 자율, 더 큰 책임, 더 많은 도전의 기회가 주어진다. 이를 통해 조직뿐 아니라 자신을 빠르게 성장시킬 수 있으며, 자아실현의 가능성이 높아진다.

셋째, 다른 사람을 돕고 세상에 영향을 줄 기회가 많아진다. 리더는 영향력을 발휘하고 큰 변화를 만들어낼 수 있다. 조직을 활용해서 개인보다 더 큰 변화와 혁신을 만들어낼 수 있다. 이에 사업을 성장시킬 수도 있고 사회를 변혁시킬 수도 있다. 세상에 공헌할 기회가 더 많이 주어진다.

물론 리더가 되어서도 자신의 권력을 남용하면서 지내는 분들도 적지 않다. 그러나 깨어 있다면 리더의 역량을 개발하고 리더로 경험을 쌓는다는 것은 개인의 가치 향상 및 자아실현에도 세상에 선한 영향력을 미치는 데도 큰 도움이 될 수 있다.

4장

리더십이란 무엇인가?

앞에서 왜 우리는 리더가 되어야 하는지, 리더가 되는 매력은 무엇인지 이야기했다. 그렇다면 도대체 리더십이란 무엇인가? 무수히 많은 책에서 "리더십이란 이것이다, 저것이다."라고 말한다. 도대체 리더십이 무엇인지 혼란스럽다. 나는 리더십을 다음과 같이 3단계로 간결하게 정의하고 싶다.

하나, 구성원들의 영감과 동기를 불러일으켜서

둘, 팀의 다이내믹스^{dynamics}를 만들어

셋, 조직의 목적을 달성하는 기술

2차 세계대전의 연합군 총사령관으로 미국의 34대 대통령을 지낸 아이젠하워는 "리더십이란 당신이 원하는 일을 다른 사람이 스스로 원해서 하도록 하는 기술"이라고 정의했다. 내가 내린 정의와 일맥상통한다. 리더십이란 자신이 움직이는 것이 아니라 타인을 움직이는 것이다. 훌륭한 전문가와 훌륭한 리더, 훌륭한 컨설턴트와 훌륭한 사업가, 훌륭한 참모와 훌륭한 장군, 훌륭한 선수와 훌륭한 감독, 훌륭한 세일즈맨과 훌륭한 세일즈팀장은 동일하지 않다. 완전히 다른 영역이다. 그런데 같은 영역이라고 생각하는 사람들이 의외로 많다. 본인이 전문가이니 해당 분야 리더를 쉽게 할 수 있다는 자신감에 찬 사람들도 적지 않다.

그러나 지금 경기장에서 뛰는 뛰어난 축구선수를 감독에 앉히고는 넌 축구의 최고의 전문가이니 리더로서 성과를 내보라고 한다면 어떤 결과를 가져오겠는가? 전문가와 리더는 큰 차이가 있다. 많은 차이가 있지만 내가 가장 큰 차이로 생각하는 것을 한 문장으로 요약하자면 다음과 같다. "전문가는 자신이 움직이고, 리더는 타인을 움직인다."

리더는 타인을 움직이는 사람이다. 이 말을 잘못 해석하면 리더십을 지니려면 마치 다른 사람의 마음을 조종할 수 있어야 한다는 의미로 받아들일 수 있다. 그러나 리더는 사람들의 마음을 조종하는 사람이 아니다. **구성원들이 이미 가지고 있는 자신들의 동기**

와 영감을 스스로 불러일으키도록 돕는다. 이를 통해 구성원들 스스로가 조직과 자신에게 유익하다고 생각하는 것을 스스로 선택하여 움직이도록 돕는 것이다.

두 번째로 리더십은 팀의 다이내믹스를 만든다. 팀의 다이내믹스를 만든다는 것은 구성원들 개개인의 합보다 더 큰 역량을 팀이 내도록 하는 것이다. 구성원들 개개인이 팀 안에서 적절한 역할을 수행함으로써 팀이 탁월한 성과를 내도록 하는 것이다. 리더십은 단순한 구성원의 합이 아니다. 구성원의 합보다 더 큰 힘을 발휘하게 하는 것이다. 어떤 리더는 10명으로 구성된 팀을 맡아서 10명의 파워조차 내지 못하는 반면, 어떤 리더는 20명의 파워를 내기도 한다.

팀은 독립된 개인의 합이 아니다. 구성원들이 서로 협업하고 하모니를 냄으로써 구성원들의 단순 합보다 더 큰 결과를 내게 한다. 더 나아가서 팀은 개개인으로서는 상상할 수 없는 다른 차원의 성과를 내기도 한다. 오케스트라를 생각해보자. 다양한 연주자들이 모여 개개인으로서는 도저히 이루어낼 수 없는 하모니를 만들어낸다. 이것은 다른 말로 '창발emergence'이라고 한다. 결국, 리더십은 팀의 다이내믹스를 만들고 더 나아가 창발을 만들어낸다.

마지막으로 **리더십은 조직의 목적에 초점을 맞추어야 한다.** 스포츠경기라면 팀의 승리일 것이고, 비즈니스라면 기업의 가치창출, 성장, 매출, 이익, 고객의 확대 등일 것이다. 그러므로 리더는 항상 팀이 조직의 목적, 목표와 정렬되도록 깨어있어야 한다. 강조하거니와 리더십의 목적은 좋은 사람이 되는 것도, 좋은 관계를 맺는 것도 아니다. 구성원들을 성장시키기도 하지만 그것 또한 목표는 아니다. 조직은 명확한 목표와 목적이 있다. 아무리 구성원들의 동기가 충만하고 서로 하모니를 내도 조직 전체의 목적을 이루지 못한다면 리더십이 제대로 발휘된 것이라 할 수 없다.

많은 좋은 리더들이 이 핵심을 간과한다. 분위기 좋은 팀을 만들기 위해 노력하지만 기업의 성과 달성과 별 관계가 없는 경우도 있다. 이 경우 조직은 지속가능하기 어렵다. 조직의 목적과 관련없이 리더 자체의 인기와 영달을 위한 경우도 있다. 조직 전체의 목적과 무관하게 해당 조직만 똘똘 뭉쳐있는 경우도 있다. 이 또한 제대로 된 리더십이라 할 수 없다. 리더는 구성원들에게 훌륭한 리더라고 평가 받을지라도 이러한 리더십은 오히려 조직을 파괴한다. 리더십은 조직의 목표와 목적을 달성하는 기술이다. 리더 개인의 역량이 뛰어나고 조직의 분위기가 아무리 좋다고 해도 목적으로부터 빗나간 리딩은 리더십이라 할 수 없다.

5장

리더십을 기르는 목적

나는 리더십 모임인 '인스파이어inspire'를 만들어서 많은 리더들과 함께 리더십에 대해 토의했다. 첫 번째 시간이면 나는 꼭 이 질문을 한다. "왜 리더십이 필요하죠? 왜 리더십을 기르려 하죠?"

이에 여러 답변이 나온다. "좋은 리더가 되려고요." "직원들의 마음을 하나로 만들려고요." "직원들을 더 열심히 보람을 느끼며 일하게 하려고요." "구성원들을 성장시키려고요." 나는 다시 묻는다. "왜 좋은 리더가 되려 하나요?" "왜 직원들의 마음을 하나로 모으려 하나요?" "왜 직원들이 더 보람을 느끼며 열심히 일하게 하려는 건가요?" 그러면 결국 "조직의 성과를 내게 하기 위해서요."

라는 답이 나온다.

비즈니스 세계에서 리더십을 기르는 목적은 좋은 리더가 되려는 것이 아니다. 좋은 관계를 맺으려는 것도 아니고 좋은 분위기를 만들려는 것도 아니다. 좋은 인성을 기르는 것도 아니고 좋은 사람이 되는 훈련을 하는 것도 아니다. 그것은 모두 리더십의 목적이 아니다. 그렇다면 리더십의 진짜 목적은 무엇일까?

리더십의 첫 번째 목적: 탁월한 성과를 내는 것

축구 코치가 리더십을 기르는 목적은 무엇일까? 좋은 사교 모임을 만들려는 것이 아니다. 구성원들의 기량을 향상시키는 것도 아니다. 목적은 그 팀이 이기게 하는 것이다. 아무리 공자님같이 인격이 높은 코치라도, 아무리 어머니같이 따스한 코치라도, 아무리 관대하고 나를 믿어주는 코치라도 그 팀을 계속 지게 한다면 그는 결코 훌륭한 리더로 인정받지 못한다. 내 말이 매우 냉정하게 들릴지도 모른다. 그러나 이것이 진실이다. 이 책은 프로 세계와 비즈니스 세계에서의 리더십을 이야기하고 있다.

리더십의 첫 번째 목적은 "조직으로 하여금 성과를 창출하게 하는 것"이다. 그러면 이런 질문을 할 수 있다. "성과란 무엇인가?" 성과란 크게는 가치를 창출하는 것이다. 고객, 주주, 사회, 구성원들에게 가치를 창출하는 것이다. 작게는 조직이 세운 목적과 목표를 달성하는 것이다. 비즈니스 관점에서 보면 성과는 매출, 이익, 성장, 수익성, 시장점유, 고객 확보, 고객 만족, 주가 상승 등이라 할 수 있다. 조금 더 크게는 고객의 문제해결, 행복제공, 비즈니스 성장이나 사회 기여 등 가치를 부여하는 것이다. 물론 매출, 이익 등의 직접적인 창출만이 성과는 아니다. 이를 지원하는 역할일 수도 있고, 이를 창출하는 데 허들이 되는 리스크를 예방하고 대응하는 것일 수도 있다. 구성원들의 부와 성장에 기여, 사회적 변화에 기여하는 것도 성과이다. 어떠한 것이든 리더십은 회사가 명확히 정의한 목표에 정렬하여, 이를 이룸으로써 가치를 창출하고 변화를 만든다.

리더십의 두 번째 목적: 지속가능한 성과를 내는 것

어떤 분이 이런 질문을 한다. "성과를 내는 조직을 만드는 것이 리더십의 목적이라면, 사람을 괴롭혀서 성과를 내는 리더십에 대해서는 어떻게 생각하십니까? 그 리더십도 결과적으로 성과를 낸다면 훌륭한 리더십이 아닙니까?" 매우 좋은 질문이다. 그러하다. 사람을 괴롭혀도 성과를 낼 수 있다. 독재로도 성과를 낼 수 있다. 비즈니스 모델이나 타이밍이 맞으면 리더십이 엉망이라도 좋은 성과가 나온다. 갑질을 하는 대표가 운영하는 회사도 성과가 좋은 경우도 많다.

그러나 이렇게 성과를 내는 것의 문제점은 무엇일까? 가치 창출이 이루어지기 어려울 뿐더러 '지속가능'하지 않다. 잠시 타이밍과 운이 좋아 성과를 낼 수 있지만 얼마 못 가 원상태로 돌아온다. 그런 환경에서는 사람들이 하나둘 떠나게 되고 결국 지속가능하기 어렵다. 그래서 여기에 두 번째 목적이 있다. **리더십은 "성과를 내는 것"만이 목적이 아니라 "지속가능한 성과를 내는 것"**이다. 갑질과 괴롭힘으로는 지속가능한 성과를 낼 가능성이 낮다. 지속가능한 성과를 내기 위해서는 탁월한 팀을 만들어야 한다. 어떻게 탁월한 팀을 만들 수 있을까? 그것이 이 책에서 말하고자 하는 리더십이다. 이는 구성원들을 하나로 묶음으로써 이루어진다.

다시 한번 강조한다. 리더십의 목적은 착한 리더가 되는 것도 인성을 기르는 것도 사람들을 성장시키려 하는 것도 아니다. 리더십의 목적은 "지속가능한 탁월한 성과를 내는 것"이다. 지속가능한 탁월한 성과를 내기 위해서는 여러 요소가 필요하지만 그중 가장 중요한 것이 바로 '탁월한 팀'을 만드는 것이다. **결국 리더십의 목적을 한마디로 정의한다면 "탁월한 팀을 만들어 지속가능한 탁월한 성과를 내는 것"**이다. 그 외 이야기들은 다 공자님 말씀이고 요점을 빗나간 것이다. 단, 훌륭한 리더십이 반드시 훌륭한 성과를 보장하는 것은 아니다. 확률을 높일 뿐이다.

6장

변화의 시대,
리더가 가져야 할 마인드셋 3가지

현재 대한민국 리더들은 매우 어려운 상황에 직면하고 있다. 나는 이를 변화의 불연속성과 비선형성이라는 말로 표현하고 싶다. 불연속이라는 것은 과거 예상했던 현재와 미래가 아닌 전혀 다른 차원의 현재와 미래가 펼쳐지고 있다는 것이다. 비선형이라는 것은 완만한 변화가 아니라 매우 급격한 변화를 가져온다는 것이다. 이 두 가지가 겹쳐지면서 리더들은 예상 수준의 변화와 실제 수준의 변화 사이에 큰 갭에 직면하게 되었다.

리더들이 현재 직면하고 있는 외부 변화를 보면 정말 드라마틱하다고 해도 과언이 아니다. 52시간 근무, 힘희롱/성희롱 금지 등의 급격한 사회적 변화가 있었고, 코로나라는 엄청난 외부 환경변화도 있었다. 게다가 디지털이 기업경쟁환경을 완전히 바꾸고 있다. 이것이 한꺼번에 닥쳐왔다.

조직 내부는 어떨까? 조직 내적으로는 전혀 다른 가치의 구성원들이 섞여있다. 일에 대한 가치도 다르고 일하는 방식도 다른 세대들이 섞여있다. 과거 탑다운, 통제, 일사분란, 제조업 기반의 패스트팔로워에 익숙한 구성원들과 유연, 자율, 오픈, 투명, 수평에 익숙하고 이를 요구하는 구성원들 사이에 리더가 방향을 잡기 어려워졌다.

리더들은 자신들도 변하고 기업도 변해야 한다는 것을 알지만 문제는 리더들이 익숙하고 훈련 받아온 방식은 과거의 방식이다. 이에 어떻게 해야 할지 갈피를 잡기 어려운 것이 현실이다. 리더들이 몇 가지 외적 행동을 바꾸는 정도로는 이러한 변화대응이 어렵다. 기존 마인드셋을 완전히 변화시키거나 새로운 마인드셋을 기존 마인드셋과 병행하여 가지면서 상황에 따라 적절하게 발휘해야 한다. 마인드셋이란 '관점'이다. 동일한 현상도 어떤 관점으로 보는가에 따라 생각과 행동이 달라진다. 이 시대 리더들이 지녀야 할 3가지 마인드셋은 다음과 같다.

첫 번째 마인드셋은 '프로페셔널 마인드셋'이다. 전통적인 기업의 리더들이 조직을 보는 관점은 대개 '군대+가족'의 관점이었다.

이러한 관점하에 구성원들은 어떻게 보일까? 신입 구성원들은 아이처럼 보일 것이다. 나이와 직위가 높아질수록 가르침의 위치에 있다. 젊거나 경험이 부족한 구성원은 연장자나 경험자에게 복종해야 한다. 조직은 관리와 통제로 돌아간다. 구성원들이 이직을 한다면 배신으로 여기게 된다.

이제 조직을 보는 관점을 '프로축구팀'으로 변화시켜 보자. 이러한 관점으로 보면 구성원들이 어떻게 보이는가? 한 명 한 명이 프로로 여겨질 것이다. 직위나 나이가 중요한 것이 아니라 역할과 역량이 중요하게 보이게 된다. 상하 관계가 아니라 서로 역할을 인정하며 협력해서 목표를 이루는 데 초점을 맞추게 된다. 떠나더라도 쿨하게 보내줄 수 있다.

두 번째 마인드셋은 '성장 마인드셋'이다. 마이크로소프트의 CEO 사티아 나델라^{Satya Nadella}의 놀라운 점은 그가 마이크로소프트라는 거대 기업의 문화를 바꾸었다는 점이다. 기업문화를 바꾸기는 쉽지 않다. 특히 거대 기업의 문화를 바꾼다는 것은 불가능에 가깝다. 그가 부임하기 전까지 마이크로소프트의 문화는 부서별로 매우 경쟁적인 환경이었다. 평가시스템은 철저하게 부서 간 상대평가였고 개가 개를 먹는다고 할 만큼 부서별 경쟁이 심했다고 한다. 경쟁자와 싸우는 게 아니라 부서끼리 싸우고, 고객을 위하는 게 아니라 자신의 부서임원과 CEO에게 잘 보이기 위하여 일을 했다. 그리고 실패하면 안 되는 문화였다고 한다. 실패하면 용서받지 못하고 승진에서 탈락하며, 심지어 해고되었다. 이런 환경에서는 아무도 도전하지도 협력하지도 않는다.

나델라가 부임하면서 직원들에게 읽기를 원하고 실행하기를 원한 책이 한 권이 있는데 그것이 세계적인 심리학자 캐럴 드웩 Carol S. Dweck의 《마인드셋》이라는 책이었다. 캐럴 드웩은 그 책에서 고정 마인드셋과 성장 마인드셋의 차이를 이야기했다. 성장 마인드셋이란 사람의 역량은 처음부터 정해진 것이 아니고, 배우려고만 하면 끝없이 성장한다는 것이다. 실수를 통해서도 배울 수 있다는 것이다.

조직과 구성원들은 '고정 마인드셋'으로 본다면 어떻게 보일까? 누군가 학벌과 경력이 좋고 별 실수가 없이 평가지표를 무난하게 달성해간다면 그 사람을 인정한다. 반면, 누군가 대단해 보이지 않는 경력을 가지거나 실수하거나 실패하면 그는 원래 실력이 없는 사람이라고 판단한다. 실수나 실패는 경력에 치명타라고 생각한다. 그러므로 조직은 도전을 꺼려한다. 다들 목표를 낮추고 싶어하고 그것을 달성하는 데만 초점을 맞춘다.

'성장 마인드셋'으로 본다면 어떻게 보일까? 구성원들과 조직은 학습하면 끝없이 성장할 수 있다고 생각한다. 실수와 실패가 있어도 교훈을 배우면 더 나아질 수 있다고 생각한다. 실험과 도전을 독려하게 된다. 좋은 학력과 경력에 모나지 않고 무난하게 직장생활을 하는 사람을 높이 평가하지 않게 된다.

세 번째 마인드셋은 '목적과 실험 중심 마인드셋'이다. 전통 리더들이 가지고 있는 대부분의 마인드셋은 '계획과 통제 마인드셋'이다. 계획과 통제의 마인드셋으로 사업이나 조직을 보면 어떻게 보일까? 모든 일은 철저한 계획하에 이루어져야 한다. 그 계획하에 분업이 이루어져야 하고 수행하는 일과 사람은 하나하나 관리되고 통제되어야 한다. 구성원들은 굳이 회사 전체의 목적이나 목표를 이해할 필요도 없다. 맡겨진 일, 시킨 일만 제대로 하면 된다. 자율성은 오히려 해가 된다. 사고만 일으킬 뿐이다.

물론 이러한 마인드셋은 잘못된 것이 아니다. 제조 중심의 산업환경에서는 이러한 마인드셋이 오히려 효과적일 수 있다. 그러나 불확실성이 커진 디지털 중심의 산업환경에서는 효과가 떨어진다.

'목적과 실험 중심의 마인드셋'으로 사업이나 조직을 보면 어떻게 보일까? 사업이 성공하는 길을 명확히 알 수 없다. 그러므로 다양하게 실험해보면서 가장 적합한 길을 찾아가야 한다. 그런데 무작정 실험하는 것은 위험하다. 그러므로 가려는 방향과 목적은 분명히 해야 한다. 명확한 목표를 조직구성원들이 공유하되, 그 길을 이루는 방법은 최대한 자율에 맡긴다. 그리고 다양한 실

험을 할 수 있는 환경을 만들어준다. 그러면 사업은 훨씬 빠르게
성공할 수 있을 것이다.

리더들은 이러한 관점으로 자신의 관점을 전환하거나 기존의
관점과 동시에 가지면서 상황에 맞게 활용할 수 있어야 한다. 그
렇지 않으면 변화하는 이 시대에 꼰대로 취급받을 수밖에 없고 리
더십을 제대로 발휘하기 어렵다.

리더가 할 일은 무엇인가?

지금까지 리더가 되어야 하는 이유가 무엇인지? 리더십이 무엇인지? 또 리더십의 목적이 무엇인지? 이 시대 리더들이 어떤 마인드셋이 필요한지 살펴보았다. 이제 도대체 리더가 무슨 일을 해야 하는지 이야기해보려 한다.

많은 벤처 CEO들, 기업의 팀장과 임원들을 만나면서 내가 놀란 점은 대다수 리더가 자신이 무엇을 해야 하는지 잘 모른다는 것이다. 왜냐하면 CEO들은 창업 전에 체계적인 조직생활을 해보지 않은 경우가 많거나, 기업의 팀장 이상 리더들도 리더의 임무에 대해서 체계적으로 배워본 적이 별로 없기 때문이다.

그렇다면 리더는 무엇을 해야 할까? 리더의 미션 3가지는 다음과 같이 정리할 수 있다.

1) 목표 관리: 기업의 미션/비전/전략을 창출하거나 기업의 미션/비전/전략에 자신이 책임지는 조직의 목표를 정렬^{align}하여 목표와 전략을 명확히 하고 가시화한다. 즉, 분명한 방향을 제시하고 이를 달성할 수 있도록 지원하고 리드한다.

2) 일 관리: 일하고 싶은 환경, 일을 잘할 수 있는 환경을 만드는 것이다. 일이 효과적이고 효율적으로 이루어지도록 일하는 원칙을 정립하고, 자신이 책임지는 조직의 업무뿐 아니라 회의, 보고, 의사결정 등의 프로세스와 시스템을 정립하여 실행함으로써 구성원들이 마음껏 목표를 향해 일할 수 있는 환경을 만든다.

3) 사람 관리: 구성원들의 마음을 하나로 묶고 고무하며 임파워먼트 하여 팀의 다이내믹스를 만들어 목표를 달성한다.

여기에 두 가지의 플러스 알파가 필요하다. 첫 번째는 커뮤니케이션이다. 아무리 팀을 하나로 묶어 목표를 달성하고 성과를 내도 그것을 적절히 커뮤니케이션하지 않으면 잘 알려지지 않는다. 열심히 하고 성과를 내면 자동적으로 알아주리라 생각하는 리더들이 있는데 불행히도 현실은 그렇지 않다. 표현하지 않으면 자신이 책임지는 조직의 성과가 사장된다는 것을 기억해야 한다. 꼭 정해진 보고 때만 표현하려 하지 마라. 수시로 다양한 채널을 통해 커뮤니케이션해야 한다. 또한 보고시에는 명확한 성과가 드러나도록 before와 after의 차이를 명확히 해야 한다.

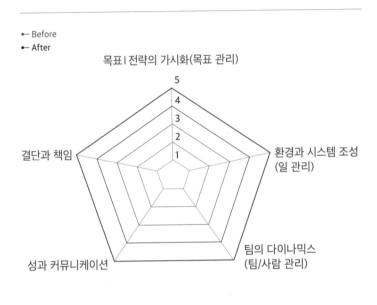

왜 이런 커뮤니케이션을 해야 할까? 구성원들이 인정받고 보상받게 하기 위해서이다. 경기에서 승리했음에도 불구하고 누구도 인정해주지 않고, 연봉이나 보너스가 높아지지 않는다면 그 누가 열심히 일을 하겠는가? 리더의 힘은 구성원들을 얼마나 인정받게 하고 승진시키고 조직을 확대하는가에 달려있다. 그러므로 성과를 커뮤니케이션하여 인정받고 보상받도록 해야 한다.

두 번째로 리더는 결단하고 책임을 져야 한다. 자격이 없는 리더의 유형 중 하나는 아무 결단도 하지 않는 리더이다. 경영에는 수많은 의사결정이 필요하다. 리더는 의사결정을 하고 결단하는 사람이다. 시작을 알리고 끝맺음을 하는 사람이다. 리더가 있어야 시작이 되고 종결이 된다. 결단을 주저하거나 전가하고 눈치를 보며 자리만 보전하는 사람은 리더의 자격이 없다. 결단을 주저하고 미루는 이유 중 하나는 책임을 지려하지 않기 때문이다. 결단에는 책임이 따른다. 리더에게 권한을 부여한 이유는 책임을 감당하게 하기 위함이다. 조직이 승리하면 가장 큰 공은 리더에게 돌아간다. 그러나 조직이 성공할 때만 있는 것이 아니다. 실패할 때도 있다. 어느 상황이든 리더는 이에 대한 책임을 진다.

실패 시 책임을 진다는 것은 보직에서 물러난다는 의미가 아니다. 실패의 이유를 구성원들에게 전가하면서 미꾸라지처럼 빠져나가려는 시도는 단기적으로는 효과가 있을지라도 결국 이러한 리더십은 무너진다. 실패에 따른 평가를 담담히 받아들인다. 대신, 실패했을 경우 수동적으로 처분을 기다리지 않는다. 그 원인을 명확히 분석하고 교훈을 배워 더 전진할 수 있는 방안을 세운다. 조직이 학습하도록 하고 이를 기반으로 승리의 확률을 높인다. 향후 더 발전할 수 있음을 경영층과 커뮤니케이션하고 설득한다.

리더들은 이 3가지 미션과 2가지의 추가 사항을 통해 현재의 자신의 모습을 평가해볼 필요가 있다. 각각을 5점 만점에 몇 점인지 평가해본다. 여기서 중요한 것은 절대 점수가 아니다. 상대적으로 어떤 면이 강한지 어떤 면이 약한지를 보는 것이 핵심이다.

지금까지 언급한 리더십의 목적과 리더의 미션(목표 관리, 일 관리, 사람 관리)의 연계를 그림으로 정리하면 다음과 같다.

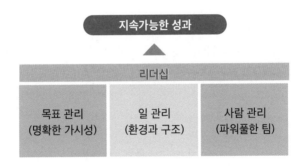

CEO든 본부장이든 팀장이든 모든 리더는 자신이 맡은 조직에 대해 위의 세 가지를 한다. 다시 정리하면, 회사 전체의 목표와 정렬된 조직의 목표와 방향을 명확히 하고, 구성원들이 일하고 싶은 환경, 일을 잘할 수 있는 환경을 만든다. 그리고 구성원들

을 고무하고 임파워하여 조직이 목표를 달성하며 지속가능한 성
과를 창출하게 한다. 그리고 성과를 커뮤니케이션하여 구성원들
이 인정받게 하고, 일의 시작과 마침을 결정하고 결단한다. 결과
에 대해 책임을 진다.

8장

목표 관리:
명확한 목표를 제시하고 관리하라

조직은 가정이나 친목단체가 아니기에 특정 목표를 지향할 수밖에 없다. 전 세계 50만 명 이상의 리더와 팀을 대상으로 한 XQ^Execution Quotient, 실행지수 조사를 통해 목표와 전략이 실행단에서 실패하는 데 4가지 근본 원인이 있음을 발견했다.

1) 85%의 응답자는 조직의 목표를 몰랐다.
2) 85%의 응답자는 조직의 목표를 이루기 위해 자신이나 자신의 조직이 할 일을 명확히 몰랐다.
3) 87%의 응답자는 회사가 가장 중요시하는 목표와 관련해서 성

공하는지 실패하는지 몰랐다.

4) 79%는 목표진행에 있어 자신의 명확한 책임을 몰랐다.

이 결과가 놀라운가? 그렇다면 구성원들에게 회사의 목표가 무엇인지 한 번 물어보아라. 불행히도 대부분의 구성원들은 회사의 목표가 무엇인지 명확히 알지 못한다. 회사의 목표가 무엇인지 크게 관심도 없고 회사의 매출과 이익이 얼마인지도 모르는 경우가 많다. 이에 당연히 자신이 하는 일이 조직의 목표와 어떻게 연결되는지도 잘 모른다. 회사가 목표대로 잘 가고 있는지, 잘 간다면 어떤 부분이 잘 가고 있는지, 어렵다면 어떤 부분이 어려운지에 대해서도 잘 모른다. 목표와 관련된 자신의 책임도 불분명하다.

물론 당장 무엇을 해야 할지, 눈앞에 처리해야 할 일은 무엇인지는 잘 알고 있다. KPI, OKR 등 관리지표를 통해 추진해야 할 단기적 목표를 아는 경우도 많다. 그러나 그 도구들이 이 문제들을 자연스럽게 해결해줄 수 있다는 생각은 오해다. 관성적으로 해야 할 일, 당장 달성해야 할 목표가 무엇인지는 명확하지만 여전히 회사 전체가 어떤 목적과 전략으로 진행하는지 명확하지 않은 경우가 많다. 이 부분이 명확하고 가시화되지 않으면 힘이 약해진다.

나는 어려운 조직을 변환시킨 경험이 있다. 나에게 조직들을 변환시킨 가장 핵심 비결을 말하라고 한다면 바로 이 '목표 관리'에 있다. 나는 어떤 조직을 맡든 한 페이지로 우리 조직이 달성해야 할 미션, 목표, 전략을 만들어, 이를 구성원들과 커뮤니케이션한다. 물론 이 그림을 그리기 전에 시장도 분석하고 해당 조직의 임직원들과 인터뷰도 하며 고객들의 이야기도 듣는다. 이를 가시화하고 공유하고 끊임없이 소통한다. 그러면 조직의 많은 구성원들이 우리가 어디로 가야 하는지, 어떤 방법으로 가야 하는지를 이해하게 되어 초점이 맞추어진다.

많은 조직에서 구성원들이 열심히 일하는데 방향 없이 일하는 경우가 많다. 목표를 향하지 않는 '열심히'는 헛수고에 그칠 위험이 크다. 열심히 일한 후 이후 평가나 보상이 좋지 않을 때 구성원들은 매우 실망하게 되고 조직은 망가질 위험이 높다. 그러므로 리더는 먼저 해당 조직이 성취하고자 하는 결과와 목적을 분명히 해야 한다. 즉, 조직이 성공한다는 것이 무엇인지를 정의해야 한다. 이래야 시간이 지난 후 우리 조직이 성공했는지, 실패했는지를 분명히 알 수 있기 때문이다. 그러면 어떤 것을 정의하면 될까?

1) 조직의 미션과 가치를 정의한다: 우리 조직이 왜 일을 하는지, 무엇을 위해서 일해야 하는지를 정의하는 것이다. 미션이란 구체적인 목표나 활동이 아니다. 이를 통해 이룰 궁극적인 목적이

다. CEO라면 여기에 더하여 조직의 철학, 즉 핵심가치를 분명히 해야 한다.

2) 조직의 3년 후의 미래를 그려본다: 해당 조직의 3년 후의 미래 모습을 그려본다. 3년 후 우리는 어떤 모습이 되어 있을까? 어떤 재무적 모습, 어떤 문화, 어떤 고객가치를 제공하고 있을까? 만일 리더가 CEO라면 회사 전체의 미래를 그리면 될 것이고, 리더가 본부장이나 팀장이라면 회사 전체의 3년 후 미래 모습에 맞춰 조정한 자신의 조직의 3년 후 미래 모습을 그리면 된다.

3) 3년 후의 미래를 달성하기 위한 올해의 목표를 정하고 이 목표를 달성하기 위한 핵심 전략 및 전략과제 3~5가지를 정한다: 전략이란 우선순위이다. 구성원들이 올해 무엇에 집중할지를 명확히 하는 것이다. 이 전략에 의거하여 몇 가지 핵심과제들을 도출한다. 그리고 이를 이루기 위한 조직구조와 책임을 명확히 한다.

이러한 목표는 리더 혼자서 만드는 것은 아니다. 구성원들과 같이 만든다. 그러나 최종적으로는 리더가 결정한다. 목표 설정에 있어서 핵심은 다음과 같다.

1) To-be 목표 이미지는 생생할수록 좋다.

2) 조직의 목표는 전사 목표에 맞춰 조정되어야 한다. 회사의 전체 목표와 자신이 맡은 조직의 목표가 정렬되지 않는다면 아무리 열심히 해도 회사에 기여할 수 없다.

3) 목표나 전략은 이후 실행단계에서 바뀔 수 있으므로 너무 완벽하게 할 필요는 없다. 목표나 전략도 하나의 가설이다. 행해 나가면서 바꿀 수도 있다. 그러나 일단 목표와 전략이 정의되면 일사분란하게 움직여야 한다.

4) 모든 과제에는 책임자와 기한이 분명해야 한다.

　　뛰어난 리더는 어떤 사람일까? 1) 회사 전체의 목표를 자신의 조직의 목표로 전환시키고 2) 구성원들에게 역할과 책임을 분배하고 지원하여 코칭하며 파워풀한 팀으로서 3) 목표를 제때 달성해낸다. 즉, 약속을 지켜내는 사람이다. 이런 리더들을 양성하려면 어떻게 해야 할까? CEO가 먼저 회사 전체의 목표 관리를 할 줄 알아야 한다. 외부에서 훈련되어 온 리더가 아닌 한 내부 리더들은 대개 CEO로부터 그대로 배우게 되기 때문이다. 더 세부적인 사항은 2부 무엇이 조직을 움직이는가?에서 다룬다.

9장

일 관리:
본질에 집중하고 생산성을
낼 수 있도록 지원하라

나의 첫 직장은 삼성HP였다. 그 회사는 삼성전자와 미국 HP의 합작회사였다. 이후 박사 공부를 하기 위해 중간에 그만둔 이유로 3년밖에 근무하지 못했지만 그 회사에 근무하게 된 것을 나는 내 생애 최고 행운 중 하나라고 생각한다.

첫 회사였기 때문에 다닐 때는 그 회사가 어떠한지 비교할 대상이 없었다. 그러나 이후 한국의 대기업들을 다니면서 그 회사가 대단한 회사임을 깨달았다. 훌륭했던 점은 무엇이었을까?

첫째, 입사 시부터 'HP way'라는 회사의 철학, 가치, 일하는 법에 대해서 배웠다. 회사가 어떤 가치와 철학에 의해 운영되는지를 알았다. '고객중심' '윤리경영' '인간존중' 등 창업자의 생각을 알 수 있었고 일하는 법에 대해 알 수 있었다.

둘째, 맨땅에서 일하지 않고 시스템적으로 일했다. 인터넷도 없던 시대에 이미 전 세계 엔지니어들의 노하우와 질문답변이 지식공유 되어 있는 시스템이 구축되어 있었다. 이에 어려움이 생기면 자판만 두들기면 해결책을 찾을 수 있었다. 경험과 지식이 풍부하지 않은 구성원들이 입사해도 빠른 시간 내에 선배들의 경험과 지식을 흡수할 수 있었다.

마지막으로, 일의 효과성과 효율성을 높이기 위한 다양한 교육훈련 프로그램을 제공 받았다. 덕분에 세일즈, 마케팅, 문제해결법, 회의법까지 모두 배울 수 있었다.

이러한 기반 시스템이 되어 있었기에 개개인은 목적과 목표와 무관한 불필요한 일들을 최소화하고 본연의 업무에 집중할 수 있었다.

명확한 목표가 설정되어 있고, 훌륭한 팀워크가 있다고 해도 일의 효과성과 효율성을 높일 수 있는 제대로 된 환경과 체계가 없다면 뛰어난 성과를 내기가 어렵다. 프로 축구팀이나 야구팀을 보라. 선수들이 최상의 성과를 낼 수 있도록 정교한 훈련 프로그램이 제공되고 있고, 선수들의 경기를 분석하는 조직이 이들을 지원한다. 합리적인 평가와 인센티브 시스템이 있다. 훌륭한 선수들을 모아놓고 감독만 있으면 되는 시대는 점점 저물고 있다.

목표는 어떻게 달성되는가? 결국 구성원들이 일을 함으로써 달성된다. 열정과 동기만으로 최상의 성과를 낼 수 없다. 일에서 최상의 성과를 낼 수 있는 문화, 환경, 시스템, 교육훈련 등이 갖추어질 때 비로소 구성원들이 최상의 성과를 낼 수 있다.

일 관리는 세 가지 측면으로 나눌 수 있다.

첫째, 개개인의 일이 효과적이고 효율적으로 이루어질 수 있는 환경과 구조를 만들어야 한다. 이를 위해서는 업무 전문성이나 소프트 스킬을 향상시키는 교육, 개인별 코칭, 멘토링, 피드백 등의 체계가 필요하다.

둘째, 팀 구성원 간의 일이 조화롭게 목표를 이룰 수 있는 체계를 만들어야 한다. 즉, 축구선수들이 각자 위치에서 최선을 다할 뿐 아니라 서로가 화합해서 골을 넣어야 한다는 것이다. 이를 위해서는 서로가 함께 합을 맞출 수 있는 다음과 같은 구조가 필요하다.

1) 우리 조직은 어떤 방식으로 일할 것인가? 2) 일은 누가 무엇을 언제까지 처리할 것인가? 3) 회의는 언제 어떻게 할 것인가? 4) 보고는 언제, 어떻게 할 것인가? 5) 프로젝트는 어떻게 관리할 것인가? 6) 의사결정은 어떤 기준으로 할 것인가? 7) 이슈는 어떤 절차를 통해 보고되고 관리하게 할 것인가? 8) 과거의 지식을 어떻

게 축적하고 활용할까?

위의 사항들을 프로세스화, 매뉴얼화 또는 SW^{소프트웨어}화해서 상호 커뮤니케이션과 협력이 원활하게 이루어지도록 지원해야 한다. 이런 체계가 정비되지 않으면 구성원들은 각각 자신의 일을 하지만 조화되지 못하고 우왕좌왕하게 된다.

마지막으로, 타 부서나 외부조직과의 협력이 원활할 수 있게 하는 구조를 만들어주어야 한다. 구성원들이 타 부서와 커뮤니케이션할 경우 이 커뮤니케이션이 원활하도록 지원한다. 실무진에서 막힌 사항들은 리더에게 알려서(escalation) 리더들 층에서 해결한다. 이를 위해서 리더는 다른 부서의 리더들과도 좋은 관계를 맺어나가야 한다. 특히 이는 조직이 커질수록 더 중요해진다. 이러한 상호협력 프로세스를 시스템으로 구현하여 해결할 수도 있다.

공통적으로 여기에 전사적으로 일을 잘 하게 지원할 수 있는 매뉴얼, 프로세스, 시스템이 지원될 필요가 있다. 물론 조직규모가 작을 때는 어설프고 체계화되지 않을 수 있다. 그러나 잘 관리된 업무 베스트 프랙티스와 지식 DB^{데이터베이스}, 각종 지원업무들의 SW화 또는 외주화, 잘 설계된 인력채용/평가/보상/교육훈련 체계, 손익관리 체계 등은 구성원들이 더 본질에 집중할 수 있도록 지원해줄 뿐 아니라 생산성을 획기적으로 향상시킬 수 있다.

문화 또한 일을 제대로 할 수 있는 훌륭한 기반이 된다. 수평적인 문화, 투명한 문화, 자율적인 문화, 구성원들의 웰빙을 중시하는 문화 등이 강조되는 이유는 많은 구성원들이 이러한 환경에서 최상의 성과를 창출할 수 있기 때문이다.

그러므로 리더가 해야 할 일이 바로 이것이다. 리더는 항상 "어떻게 하면 한정된 자원으로 최고의 성과를 낼 수 있을까?" "어떻게 하면 구성원들이 더 본질에 집중하게 도울 수 있을까?" "어떻게 하면 최고의 생산성을 발휘할 수 있을까?"를 생각해야 한다. 다행스럽게도 이것은 이 글을 읽는 독자들만의 고민이 아니다. 이미 많은 사람이 이러한 고민을 해왔고 그 해결책도 찾았다. 이에 도움이 될 수 있는 많은 실행안, 소프트웨어, 툴들이 있다. 리더들은 이러한 해결책들을 자신의 회사나 조직에 맞게 도입하고 활용할 필요가 있다. 이를 통해서 직원들이 본질에 집중하고 최고의 생산성을 낼 수 있도록 지원한다.

사람 관리:
개인과 팀을 동시에 관리하라

앞장에서 나는 목표를 분명히 하고 목표를 향해 구성원들이 최선을 다할 수 있는 업무 환경을 만들어주는 것이 리더의 핵심임무라고 말했다. 그러나 목표가 잘 설정되고 환경이 잘 조성되었다고 해서 목표는 자동적으로 달성되고 성과가 창출되는 것이 아니다. 결국 구성원들이 움직여야 한다. 그러므로 또 하나의 리더의 역할은 구성원들이 목표에 하나되어 공동으로 협력하여 그 목표를 달성할 수 있도록 하는 것이다. 결국, 사람들을 움직이는 것이다. 그러나 사람들을 강압적으로 움직이게 하는 것은 지속가능하지 않다. 스스로 유익을 발견하고 움직일 수 있도록 도와야 한다.

이를 위해서는 사람의 본질과 심리, 감정을 이해하며 구성원들을 대할 필요가 있다. 감정적인 배려도 필요하며 격려와 고무, 위임도 필요하다. 이를 본 장에서는 '사람 관리'라고 표현하려 한다.

사실 사람을 관리한다는 표현은 적절해 보이지 않는다. 인위적이고 통제한다는 뉘앙스가 풍긴다. 사실, 관리보다는 신뢰하고 고무하고 격려하며 지원하고 코칭한다는 표현이 더 적절하지만 이를 포괄하는 단어가 마땅하지 않기에 이 책에서는 편의상 이를 포괄하는 단어로 '관리'라는 표현을 사용하겠다.

사람 관리에는 두 가지 영역이 있다. 하나는 구성원 개개인을 관리하는 것이고 또 하나는 팀 전체를 관리하는 것이다. 두 가지는 연결이 된다.

스포츠 팀의 예를 보자. 코치(리더)의 역할은 팀이 승리하도록 만드는 것이다. 팀이 승리하게 만들려면 두 가지가 필요하다. 하나는 구성원들의 개개인의 역량과 능력이 훌륭해야 한다. 또 한 가지는 구성원 간의 협력과 조화가 필요하다. 개개인이 맡은 일만 잘한다고 해서 팀이 승리할 수 없다. 하나의 목표를 향한 서로의 연결이 매우 중요하다.

그러므로 리더는 한 면에서는 구성원들 개개인이 자신 안의 동기를 발산하여 성장하고 스스로의 역량을 극대화할 수 있도록 지원할 필요가 있다. 또 다른 면에서는 그들로 하여금 팀 플레이를 할 수 있도록 지원해야 한다. 구성원들에게 팀으로 일하는 법을 가르친다. 팀의 목표를 분명히 하고 구성원들이 그 팀의 목표 달성을 위해 어떤 역할을 할지 분명히 하며 최상의 성과를 내도록 코칭하고 의사결정을 한다.

리더가 이런 일을 잘하기 위해서 가장 필요한 요소는 무엇일까? '신뢰'이다. 개개인의 성장을 지원하고 훌륭한 팀워크를 만들기 위해서는 구성원들과의 신뢰 형성이 기반이 되어야 한다. 신뢰를 얻으려면 어떻게 해야 할까?

1) 팀원들을 인간으로 대하고 아끼며 존중한다.
2) 팀원의 관심사, 강점, 기대, 필요 등을 파악한다.
3) 팀원들을 돕기 위해 시간을 낸다.
4) 팀원들과 열린 커뮤니케이션을 한다.
5) 팀원들이 리더로부터 배울 것이 있어야 한다.
6) 자신의 취약성과 부족함을 솔직히 인정하고 공개한다.

물론 신뢰는 사람 관리의 기반이지, 신뢰가 있다고 해서 자동적으로 성과가 나는 것은 아니다. 먼저 구성원 개개인의 성과를 높이기 위해서는 어떻게 해야 할까? 개인의 성과는 개인의 가치가 회사의 가치와 연결되고, 개인의 동기와 역량이 모두 높아질 때

극대화된다. 이를 위해서는 다음과 같은 리더의 지원이 필요하다.

1) 구성원 개개인의 가치, 동기와 역량을 파악한다

2) 개인의 가치와 회사의 가치가 정렬되도록 지원한다.

3) 구성원들의 동기의 근원을 파악한다. 이들이 무엇에 움직이는 지를 파악하고 이를 회사의 목표와 방향과 정렬시켜 구성원들 이 동기를 발산할 수 있도록 지원한다.

4) 개개인의 역량에 기반하여 적합한 위치에 배치하고 위임한다

5) 역량이 부족할 경우, 구성원 스스로 자신의 역량을 향상시킬 계획을 수립하도록 코칭하고 교육, 멘토링 등의 프로그램으로 이를 지원한다.

6) 문제와 허들이 심각해지면 리더가 개입하여 같이 고민하고 해 결을 지원한다.

　이를 통해 각 개인이 최상의 성과를 내도록 한다. 그러나 각 개인이 최상의 성과를 낸다고 해서 팀이 이기는 것은 아니다. 포 지션별로 최고의 선수들이 모았다고 해서 자동으로 최상의 팀이 되는 것이 아님과 마찬가지이다. 최고의 선수들로 이루어진 계주 경기조차 개개인의 역량과 성과에 따라 팀 승리가 결정되지 않는 다. 그러므로 개개인의 역량을 향상시키는 것과 팀플레이를 하는

것은 다른 차원이다. 이를 위해서 리더는 다음과 같은 활동을 통해 팀워크를 창조할 필요가 있다.

1) 조직의 전체 목적과 목표, 전략이 무엇인지 구성원들이 알게 한다.
2) 목표는 팀이 달성하는 것이고, 승리는 팀으로서 이루는 것임을 명확히 한다. '개인' 중심이 아닌 '팀 퍼스트team first'를 초점으로 한다.
3) 이런 목표 달성을 위해 서로의 역할과 책임이 어떻게 연계되고 협력해야 하는지 알게 한다.
4) 서로의 협력을 활성화할 수 있는 팀 빌딩을 한다. 서로가 소통과 협업에 방해되는 요소들을 제거하고, 서로가 지원하고 협력할 수 있도록 상호대화, 워크숍, 축하, 식사 등 다양한 기회들을 만든다.
5) 개개인을 경쟁시키기보다는 팀원으로서의 상호협력을 장려하고 팀의 성과를 칭찬하고 인정한다.
6) 조직의 성과를 주위, 상사에게 적극적으로 커뮤니케이션하여 팀과 구성원들이 칭찬받고 인정받도록 한다.

사람은 기계가 아니다. 통념과 달리 돈과 복지만 추구하지 않는다. 사람들과 훌륭한 관계를 가지고 싶어하며 서로 돕고 협력하기 원한다. 성취하고 성장하고 싶어하며 인정받고 존경받기 원한다. 자신의 한계를 확장하여 기여하고 자아실현 하기를 원한다. 인간으로서 이러한 공통적인 욕구는 유사하다. 한편으로는 성격, 가치, 목표, 우선순위가 개인별로 조금씩 다르다. 이러한 공통적인 욕구와 개별적 욕구를 잘 이해하여 구성원을 대할 때 구성원들은 고무되고 열정을 발산한다. 사실 리더의 세가지 미션- 목표 관리, 일 관리, 사람 관리- 중 가장 어려운 영역이 사람 관리 영역이다. 왜냐하면 이 영역은 정형화되어 있지 않기 때문이고 논리로만 해결될 수 있는 영역이 아니기 때문이다. 대부분의 리더들이 처음에는 매우 쉽게 보지만 시간이 지날수록 어려움을 겪는 영역이 바로 이 영역이다. 그러므로 더더욱 꾸준한 학습과 훈련이 필요하다. 세부적인 부분들은 3부 어떻게 파워풀한 팀을 만들 것인가?에서 더 자세히 다루겠다.

11장

리더는 어디에 초점을 맞추어야 하는가?

앞에서 리더가 핵심적으로 할 일- 목표 관리, 일 관리, 사람 관리-에 대해 말했다. 이 일을 수행함에 있어 리더가 명심해야 할 부분을 추가 언급하고 싶다.

예전에 한 분이 내게 이런 질문을 했다.

"제가 팀장이 되었는데 팀원들에 비해 오히려 전문성이 떨어집니다. 이에 팀원들의 전문성을 높여주어야 하는데 제가 기여를 못하는 것 같아서 스트레스를 받습니다. 팀원들이 저를 무시하는 것 같기도 하고요. 제가 팀장 자격이 없는 듯합니다. 어떻게 해야 할까요?"

넷플릭스에 조세 무리뉴^{Jose Mourinho} 감독의 인터뷰 영상이 있다. 그는 '국제축구역사통계연맹 선정 21세기의 최고의 코치'로 선정된 바 있다. 그가 자신의 승리 비결을 몇 가지로 이야기하는데 그중 내게 가장 영감을 준 말은 이것이다.

"선수를 코치하지 마라, 팀을 코치하라.^{Don't coach the player. Coach the team.}"

그는 이렇게 말한다. "스타선수를 지도할 수 없다면 어느 선수도 지도할 수 없다. 감독이 할 일은 선수에게 축구를 가르치는 것이 아니다. 호날두에게 프리킥 차는 법을 가르치는 것이 감독이 할 일이 아니다. 그는 프리킥 차는 법을 배울 필요가 없다. 그 선수들에게 가르쳐야 하는 것은 '팀에서' 축구하는 법이다. 팀이 없으면 아무리 훌륭한 선수도 자신의 재능을 발휘할 수 없다. 팀이 이기는 것이 핵심이다."

나는 위와 같은 질문을 하는 분에게 무리뉴 감독의 말을 들려주곤 한다. 리더들이 자칫 빠지기 쉬운 실수가 있는데 그것은 개개인에 너무 집착한다는 것이다. 개개인들에게 어떻게 동기를 부여하고 성장시킬까에만 에너지를 쓴다. 리더들이 내게 가장 많이 하는 질문은 "구성원들에게 어떻게 동기를 부여할 것인가?"이다. 구성원들에게 동기를 부여하면 모든 것이 마법처럼 해결될 것으로 착각한다. 그러나 구성원들에게 동기를 부여한다고 승리하고 목적이 달성되는 것이 아니다. 자칫 개인에만 너무 신경쓰다 보면 성과가 뛰어난 스타 직원에게 집착하게 된다. 구성원들에게 끌려가서 팀이 이루려는 목적을 상실하는 경우 또한 발생한다. 물론 개개인의 성장을 일정 부분 도울 수 있으나 프로의 세계에서 개인의 역량을 키우고 성장시키는 것은 리더가 아닌 본인의 몫이다.

그러면 리더의 핵심 임무는 무엇인가? 훌륭한 선수를 데려다 놓으면 자동적으로 승리하고 뛰어난 성과를 내는 것이 아니다. 훌륭한 연주자들만 모아놓는다고 자동적으로 최고의 오케스트라가 되는 것이 아니다. 아무리 뛰어난 개발자라도, 아무리 뛰어난 마케터라도, 아무리 뛰어난 디자이너라도 전체를 보지 못한다. 어떤 이들은 혼자서 뛰고 어떤 이들은 협력할 줄 모른다. 그들은 팀으로 플레이하는 법을 모른다. 무엇을 위해 일하는지 모른다.

리더의 핵심 임무는 구성원들에게 팀으로 일하는 법을 가르치는 것이다. 팀의 목표를 분명히 하고 일할 수 있는 환경을 만들어준다. 구성원들이 그 팀의 목표달성을 위해 어떤 역할을 할지 분명히 하며 최상의 성과를 내도록 코칭하고 의사결정을 한다. 때로 팀이 이기기 위해 누군가 과도하게 튀지 않도록 한다. 전체를 보고 하모니를 만든다.

그러므로 중요한 것은 개인이 아니라 팀이다. 팀의 성과가 핵심이다. "팀 퍼스트!"를 기억하라. 무엇이 팀에게 가장 좋은 결정인지가 판단의 우선순위가 되어야 한다. 물론 이는 구성원들의 개

성과 개별적 성장을 무시하고 조직을 위해 개인을 희생하라는 의미가 아니다. 구성원들의 개성은 존중받아야 하고 개인의 성장은 반드시 이루어져야 한다. 조직뿐 아니라 개개인도 가치를 인정받으며 성공해야 한다.

단지, 혼자 잘난 사람들을 모아서 알아서 플레이하게 하는 것이 리더십이 아니라는 것이다. 리더는 구성원들에게 팀의 의미와 목적을 알게 할 필요가 있다. 팀의 승리를 위해 구성원 개개인을 겸허하며 자신을 조절하고 하모니를 내고 협력할 수 있도록 코칭하고 가르친다. 리더는 개개인의 합보다 더 큰 것을 만들어내는 것, 팀의 성공이 무엇인지에 초점을 맞추어야 함을 기억하라.

10명을 리딩할 수 있다면
1,000명도 문제없다

"현재 10명 정도의 직원이지만 몇 년 내 100명 이상으로 확장할
수 있을 듯합니다. 그래서 100명 정도를 어떻게 리딩할지 미리 배
우고 싶습니다." 얼마 전 직원 수가 10명 정도인데 규모가 점점 커
지고 있는 한 벤처 CEO가 찾아와서 이렇게 질문했다. 그래서 나
는 물었다. "지금 10명은 파워풀한 한 팀인가요?"

그러자 그는 이렇게 말했다. "솔직히 말씀드리면 지금 10명
도 힘듭니다. 다들 자존심도 세고 성격도 다 달라서 힘듭니다. 강
하게 지시를 하면 수동적으로 되고, 그냥 맡기면 프로젝트 일정
이 자꾸 어긋납니다. 때로 저만 고생하고 있는 것 아닌가 하는 생

각이 듭니다."

나는 웃으며 대답했다.

"10명의 직원을 파워풀한 팀으로 만들 수 있으면 100명도 큰 문제가 없습니다. 하지만 지금 10명으로 그런 팀을 못 만들면 100명이 돼도 어렵죠."

그가 의아해하자 나는 이렇게 덧붙였다.

"100명이 되든 1,000명이 되든 CEO가 함께하는 사람은 10명 정도입니다. 1,000명이 된다고 CEO가 1,000명 한 사람 한 사람을 리딩하는 게 아니죠. 직속 임원 10명 정도와 일할 뿐입니다. 임원들이 또 10명 이내의 팀장들과 일하겠죠. 물론 규모가 커지면 그 규모에 맞는 시스템이 갖춰져야겠죠. 그러나 리더십 관점에서는 10여 명 정도의 마음을 하나로 모아 최고의 팀을 만들 수 있고, 각 멤버들에게도 이러한 노하우를 경험하게 할 수 있다면 그들이 팀장이 되어도 이를 복제할 수 있습니다. 그러면 확장이 돼도 큰 문제가 없을 것입니다. 그래서 중요한 것은 지금 10명으로 최고의 팀을 만드는 것입니다."

나는 그에게 100명이 된다면 무엇을 할지가 아니라 지금 10명을 어떻게 최고의 팀을 만들지에 대한 방안을 코칭해주었다. 즉, 기업의 목적과 가치를 설정하는 방법, 목표를 설정하고 이를 가시화하며 공유하고 관리하는 방법, 역할과 책임을 지정하는 방법,

구성원들을 피드백하고 1:1미팅하는 방법, 업무 시스템을 만드는 방법 등 이 책에서 제시할 내용들을 알려주었다.

벤처기업에서 초기 10명이 매우 중요한 또 하나의 이유가 있다. 이는 이들이 그 기업의 문화를 만들기 때문이다. 벤처기업의 기업문화는 창업자와 초기 멤버들에 의해서 결정된다고 해도 과언이 아니다. 건강한 문화가 초기에 정립되면 이후 구성원들이 증가해도 그 문화의 기반하에 확장하고 성장할 수 있다. 초기에 그러한 문화가 정립되지 못하면 새로운 구성원들이 갑자기 증가하거나 외부 직장 경험 인력들이 영입되었을 때 흔들리고 혼란스럽게 된다. 그러므로, 현재 소수의 다양한 멤버들과 파워풀한 팀을 만드는 것, 가치를 정립하고 시스템을 구축하는 것, 그것이 미래의 확장을 준비하는 가장 좋은 길이다.

앞에서 말한 리더의 미션을 기억하고 리더가 할 일 3가지 - 1) 목표 관리 2) 일 관리 3) 사람 관리를 10명의 조직에서 탁월하게 수행할 수 있다면 구성원들이 100명이 되어도 1,000명이 되어도 탁월한 조직을 만들 수 있을 것이다.

13장

완벽한 리더십은 없다

한 리더가 있다. 스타일이 솔직하고 진취적이었다. 새롭게 조직을 맡은 후 리더십 평가와 다면평가를 받았다. 아니나 다를까 다면 평가 점수가 높지 않았고 성향이 너무 주도적이니 보완하라는 권고가 있었다. 나와의 1:1 미팅 시 고민을 털어놓으며 지금까지 이런 스타일을 바꿔보려고 노력했는데 잘 안되어 힘들다고 했다.

나는 답변했다. "괜찮은데요. 굳이 스타일을 바꿀 필요가 있을까요?" 그는 놀라서 "제 스타일이 너무 진취적이라 직원들이 힘들어하는데 제 스타일에 문제가 있는 것 아닌가요?"라고 반문했다. 나는 답했다. "괜찮아요. 그것이 본인의 강점인데요. 만일 리더님이 진취적인 것이 잘못됐다고 소극적으로 행동하면 어떻게 될까요? 본인이 가지고 있던 추진력이나 혁신 능력이 다 사라지지 않겠어요? 그러면 이것도 저것도 아닌 리더가 될 겁니다. 단지, 자신이 이런 스타일이고 그러기에 본의 아니게 구성원들을 힘들게 할 수도 있고 필요한 부분은 피드백 해달라고 구성원들과 진솔하게 소통하시죠. 그리고 리더님과 달리 적극적이 아닌 다른 구성원의 스타일 또한 잘못된 것이 아님을 받아들이면 됩니다."

예전에는 한 금융기관의 행장과 이야기할 기회가 있었다. 소탈하고 친화력이 있는 분이었다. 이분이 행장이 되자 주위 참모들은 이런 제안을 했다고 한다. "이제 행장님이 되셨으니 진중한 모습을 보이시는 게 어떨까요?" 행장은 한두 주 동안 그렇게 했단다. 조용히 말하고 무게도 잡고 말수도 줄였다. 그러자 주위 임직원들이 "행장님 어디 아픈 거 아냐?", "심기가 불편하신 거 아냐?", "부인이랑 싸우신 거 아냐?" 등으로 뒷담화하기 시작했다고 한다. 이에 다시 원 상태로 돌아오니 다들 편해했단다.

많은 분이 리더십 책을 읽고 강연을 들으면서 자신의 스타일이 잘못된 것 아니냐고 바꾸려 한다. 그런데 그렇게 흉내 내면 두 가지 문제가 발생한다. 하나는 주위 사람들이 당황하고, 또 하나는 자신의 강점이 사라진다. 자신의 스타일은 자신의 약점이자 강점이기 때문이다. 사실 나도 리더십 진단을 받아보면 주도성과 혁신성이 강하고 관계지향성과 수용성이 낮다고 한다.

몇 개월 후 그 리더는 내게 이런 말을 했다. "직장생활 중 제 스타일을 바꿀 필요없다고 말씀하신 것은 부문장님이 처음이었습니다. 다들 저의 스타일을 바꾸라고 하셨고 저는 제 스타일이 잘못된 것이라 여겨 바꿔보려 했지만 잘 안 됐고 좌절을 반복했습니다. 그러나 부문장님 말씀대로 스타일은 괜찮다 여기고 구성원들에게 저의 스타일을 진솔하게 이야기하고 진정성 있게 대하다 보니 점점 팀워크가 좋아졌습니다."

지휘자 서희태 씨는 이런 흥미로운 이야기를 했다. "주빈 메타는 배려로, 토스카니니는 완벽으로, 카라얀은 믿음으로, 번스타인은 칭찬으로, 무티는 비타협으로 리더십을 발휘합니다. 그들의 스타일은 다 다른데 자기만의 분명한 콘셉트가 있습니다. 그러나 공통점이 있는데 그것은 비전이 명확하고 엄청난 실력자들이라는 것입니다."

결국 중요한 것은 스타일이 아니라 비전, 실력, 진정성과 태도다. 완벽한 스타일이란 없다. 명확한 비전과 상대에 대한 진심과 신뢰의 태도가 중요한 것이지 스타일이 중요한 건 아니다.

사실 '리더십'처럼 혼란스러운 단어가 없다. 소위 리더십 대가들은 리더들에게 '절대적'이고 '만능'인 리더십을 요구한다. 마치 이런 모습이다. "리더는 테레사 수녀처럼 사랑에 가득 차 있지만 때로 잭 웰치처럼 냉혹해야 한다. 앤디 그로브처럼 지독하게 디테일을 파고 들어야 하지만 짐 굿나이트처럼 관대하고 위임해야 한다. 베조스처럼 악착같은 실행력이 있어야 하지만 리처드 브랜슨처럼 재미있어야 한다."

그러나 모든 것이 만능인 리더는 세상에 없다. 다들 자신만의 개성이 있고 그 가운데 자신의 리더십이 키워지는 것이다. 나는 '절대적'이고 '만능'의 리더십보다는 상황에 따라 더 적합한 리더십이 있다는 생각이다. 테레사 수녀 같은 리더십이 적합한 환경과 잭 웰치 같은 리더십이 적합한 환경이 있는 것이다.

물론 훌륭한 리더라면 상황에 따라 적합한 리더십을 발휘할 수도 있겠지만 대부분의 리더는 자신의 스타일을 탐구하여 자신의 역량을 극대화할 수 있는 환경을 찾는 것도 중요하다. '절대적'이고 '만능'인 리더십을 요구하는 리더십 책을 읽을 때마다 리더들은 자책할 필요가 없다. 물론 배워야 할 것은 배워야 하지만 당당하라. 어떠한 리더도 만능의 리더십을 발휘할 수는 없다.

"모른다는 것과 실패했다는 것은 멍청하다는 의미가 아닙니다. 성장을 의미하는 것입니다. 우리에겐 천재가 필요한 게 아니라 서로 협력하는 팀이 필요합니다."

- 사티아 나델라(마이크로소프트 CEO)

2부

무엇이 조직을
움직이는가?

조직을 움직이려면 가시적인 목표와 방향을 제시해야 한다.
구성원들로 하여금 하나의 방향을 보게 해야 한다. 돋보기가 초점을
맞출 때 종이를 태울 수 있듯이 구성원들이 하나의 초점을 향할 때
강력한 파워를 내게 된다.

14장

조직을 움직이는 비결

많은 리더를 만날 때마다 공통적으로 받는 질문이 있다. "다양한 가치와 다양한 성격, 다양한 나이와 다양한 스타일로 구성된 조직을 어떻게 한 방향으로 움직일 수 있을까요?" 사람을 움직인다는 것은 쉽지 않다. 왜냐하면 사람들은 각기 다른 부모에서 태어났기에 기질과 성향이 다르다. 자라온 환경, 배경, 경험 또한 다르다. 이에 각기 목적도 가치도 사고방식도 감정도 다 다르다. 이런 다양한 사람들을 움직여서 목표를 달성한다는 것은 매우 어렵다.

그러나 사람들을 움직이지 않고는 경영을 할 수 없다. 사람들이 오지 않고 쉽게 퇴사하거나, 사람들이 최선을 다하지 않는 조직은 지속가능하기 어렵다. 이에 사람을 움직이는 것은 리더십의 핵심이라 할 수 있다. 그러면 도대체 사람들을 어떻게 움직일 것인가? 사람들을 움직이는 방법은 두 가지가 있다.

하나는 개개인에 대한 지원을 통해 구성원 개개인을 움직이는 것이다. 또 하나는 틀과 방향으로 조직 전체를 움직이는 것이다.

구성원 개개인을 움직인다는 것은 구성원 개개인의 목적, 가치, 욕구, 갈망을 파악하고 조직의 목표를 이와 연결해 이들의 동기를 일깨워 최선을 다할 수 있도록 하는 것이다. 이러한 방법은 3부에서 집중적으로 다루도록 할 것이다. 그러나 이 방법은 한계가 있다. 왜냐하면 리더가 한 사람 한 사람에게 에너지와 시간을 쏟아야 할 뿐더러 수시로 돕고 지원해야 하기 때문이다. 규모가 작은 조직에서는 통할 수 있지만 지속가능하기 어렵다.

이에 또 하나의 방법이 필요하다. 그것은 조직 전체가 움직일 수 있는 틀과 방향을 설계하여 구성원들이 자발적으로 그 방향으로 향하도록 하는 것이다. 신호등을 생각해보자. 신호등이 없었을 때 어떻게 했을까? 누군가 교차로에 서서 차들이 올 때마다 방향을 지시하고 통제해야 했다. 그러나 그가 자리를 비우는 순간 혼란이 다시 반복된다. 여기에 신호등을 설치하자 어떤 일이 발생했는가? 대부분의 차는 알아서 그 신호대로 움직인다.

그러므로 리더는 틀과 방향으로 조직 전체를 움직이는 방법도 이해하고 숙달해야 한다. 그러면 조직 전체를 움직이기 위해서 무엇이 필요할까? 다음의 다섯 가지가 필요하다.

1) 기업의 미션과 가치
2) 기업의 목표와 전략
3) 기업의 경영 시스템과 프로세스
4) 조직구조
5) 인사 체계

이러한 틀을 설계하는 것은 마치 게임을 설계하는 것과 같다. 리더는 게임할 수 있는 경기장과 룰을 설계하고 제공하는 것이다. 그러면 그 틀 안에서 일일이 지시하지 않아도 구성원들이 알아서 목표를 달성하는 게임을 하게 하는 것이다. 사람들에게는 공동체 의식이 있고 공동체에 기여하려는 욕구가 있다. 목표를 제시하고 이를 이룰 수 있는 환경을 잘 만들어주면 스스로 움직일 수 있다.

여기서 '기업의 미션과 가치'는 구성원들에게 정신적인 틀을 만들어준다. 구성원들이 어떤 방향으로 가야 하는 것인지, 어떤 원칙과 가치대로 행동해야 할지 알게 한다.

'기업의 목표와 전략'은 조금 더 현실적인 사업 레벨의 방향성을 명확히 해준다. 사업의 목표지점과 설계도이다.

'기업의 경영 시스템'은 "고객에게 자사의 제품이나 서비스가 도달하기까지 기업이 행하는 모든 업무구조"라 할 수 있다. 경영 시스템 안에는 세부 프로세스가 존재한다. 이 프로세스를 통해 현장 끝단, 구성원 끝단까지 닿게 된다.

'기업의 조직구조'는 사람을 움직이게 하는 또 하나의 큰 동인이다. 조직을 통해 누구에게 보고해야 할지, 누구와 협력할지, 기업이 무엇을 중요시 여기는지 알게 된다.

마지막으로는 '인사 체계'이다. 인사 시스템에는 여러가지가 포함되지만 특히 목표를 설정하고, 모니터링하며 성과를 측정하고 평가하며 보상하는 시스템이 필요하다. 사람들은 인센티브가 향하는 방향으로 움직이게 된다.

이 다섯 가지 체계가 묶여 조직 전체를 움직이게 된다. 구성원들 스스로가 자신의 유익을 향해 달려나가고 서로 협력하면서 자연스럽게 조직의 목표를 달성하게 하며 보상받게 한다. 이를 통해 조직과 구성원 모두 상생하도록 한다.

여기서는 특히 위의 조직 전체를 움직이기 위한 다섯 가지 틀 중 1) 미션과 가치, 2)목표와 전략, 5) 인사체계로 구성된 목표 관리에 대해서 조금 더 구체적으로 다루도록 하겠다.

'목표 관리'를 잘하기 위해서는 구체적으로 무엇을 해야 할까?《무엇이 조직을 움직이는가?》라는 책에서 세계적 리더십의 대가인 패트릭 랜치오니[Patrick Lencio]는 6가지 질문에 답할 것을 권한다.

1) 우리는 왜 존재하는가? (미션)
2) 우리는 어떻게 행동하는가? (핵심 가치)
3) 우리는 무엇을 하는가? (사업 정의)
4) 우리는 어떻게 성공할 것인가? (핵심 전략)
5) 현재 가장 중요한 것은 무엇인가? (최상위 목표)
6) 누가 무엇을 해야 하는가? (실행 방안)

만일 당신이 창업자나 CEO라면 위의 모든 질문에 답해야 한다. 그러나 특정 조직을 책임지고 있는 리더라면 다음 항목만 정의해도 괜찮다.

1) 회사의 미션, 핵심 가치, 목표를 이루기 위해 자신이 책임지고 있는 조직의 3년 후 정도의 To-be 모습과 핵심 전략
2) 1년의 목표 및 핵심 전략과제
3) 이를 수행하기 위한 책임과 역할

이 질문에 대한 답을 한 장으로 정리한 뒤에 구성원들과 공유하고 소통해보자. 이것만으로도 조직을 하나로 만들 수 있다. 나는 새로운 조직을 맡으면 항상 맨 처음 이 작업을 수행한다. 한 장으로(19장에서 예시 제공) 조직이 나아갈 바를 명확히 한다. 그리고 그 내용을 기반으로 소통하고 반복적으로 공유한다. 개인의 책임과 연결시킨다. 이를 기반으로 평가하고 보상한다. 이를 통해 조직을 하나로 묶고 초점을 맞추게 한다. 이 방법을 통해 실패한 경험이 단 한번도 없을 정도로 파워풀한 효과를 거두었다.

15장

미션:
우리는 왜 존재하는가?

세상에서 가장 오래되고 가장 강한 조직이 무엇일까? 바로 종교 조직이다. 왜 종교 조직은 그렇게 오랜 생명력을 가지고 있을까? 종교단체에 소속된 멤버들은 자신의 시간과 돈을 사용하면서 활동을 한다. 그 이유가 무엇일까? 종교에는 분명한 대의명분, 미션, 핵심 가치가 있기 때문이다. 회사도 마찬가지이다. 대의명분, 미션, 핵심 가치가 있는 조직은 구성원들의 결속력과 소속감이 강하다.

미션은 무엇인가? 돈만 벌자는 것이 아니라 세상에 뭔가 공헌하자는 것이다. 소위 '대의명분'이다. 이 대의명분이 있어야 큰뜻을 가진 사람들이 모이고 보람도 느끼고 세상도 그 기업을 사랑하고 지지

한다. 용병은 돈만 보고 모이지만 인재는 돈만으로 안 된다. 대의 명분을 보고 모인다. 그렇다면 미션을 어떻게 정할까? 다음의 질문에 먼저 답을 해보자.

1) 당신의 회사(또는 조직)가 세상에서 무언가를 변화시키는 데 초점을 맞춘다면 그 한 가지는?
2) 당신의 회사가 성장하고 돈을 많이 벌고자 하는 이유는?
3) 당신의 회사가 고객과 사회에 주는 가치를 고려했을 때 존재 의미는?
4) 당신의 조직이 없어진다면 세상이 아쉬워할 이유는?
5) 당신의 회사는 무엇으로 기억되고 싶은가?

위의 질문에 대한 답을 통해 당신 회사(또는 조직)가 세상에 진정으로 기여하고자 하는 것이 무엇인지 정리해본다. "~을 만든다", "~을 제공한다"는 미션이 아니다. 그것은 수단이다. 그것을 통해서 이루고자 하는 것이 미션이다. 예를 들어 "최고의 여행상품을 만든다."는 미션이 되기 어렵다. 여행상품을 만드는 이유와 목적이 결여되어 있기 때문이다. "고객에게 지금까지 경험하지 못한 최고의 추억을 만들어준다."가 미션에 더 가깝다. 여행상품을 만드는 명분과 이유가 여기에 있기 때문이다.

여행상품을 만들어서 제공하는 이유는 고객에게 최고의 추억을 만들어주기 위함이라는 목적이 분명하다. 또한, 이 미션이 분명하면 구성원들은 꼭 여행상품을 만드는 활동에만 국한하지 않을 수 있다. 고객에게 최고의 추억을 만들어주기 위해서는 전통적인 여행상품 외에도 다양한 아이디어가 도출될 수 있기 때문이다. 그러므로 그 기업은 여행상품을 만들어 파는 회사가 아닌 다른 차원의 업을 수행하는 회사로도 변신하거나 진화할 수도 있다.

구글의 미션은 "세상의 모든 정보를 조직화하여 누구나 접근할 수 있도록 한다."이다. 그 회사가 앞으로 무엇을 할지도 이미 이 미션 안에 들어있다. 이 회사의 구성원이라면 자신이 무엇을 할지 명확히 안다. 그들은 세상의 모든 정보를 조직화하는 데 전념한다. 그들이 말하는 '모든 정보'에는 웹사이트 정보뿐 아니라 교통정보, 위치정보, 바다의 정보 심지어 우주의 정보까지 확장될 수 있다. 그들은 정보를 조직화하는 것이 지향점은 아니다. 조직화함으로써 결국 모든 사람이 접근할 수 있도록 하는 것이다. 그러므로 이 미션은 구성원들에게 어떤 방향으로 일해야 할지를 명확히 제시해주는 훌륭한 미션이라 할 수 있다.

넷플릭스의 미션은 TV와 영화 시청 경험을 혁신한다는 것이다. 메타(구, 페이스북)는 전 세계 사람들이 서로 연결되어 더욱 개방적이고 투명한 세상을 만드는 미션을 가지고 있다. 마이크로소프트는 각 사람들과 기업들이 더 성취할 수 있도록 파워를 제공한다. 넷플릭스의 미션은 좋은 콘텐츠를 공급하는 것이 아니고, 페이스북은 페이스북 서비스를 제공하는 것이 아님을 확인할 수 있다. 마이크로소프트는 세계 일류의 제품을 공급하는 것이 아님을 알 수 있다. 그들은 자신들의 제품이나 서비스를 공급함으로써 이루고자 하는 모습, 만들고자 하는 세상을 자신들의 미션으로 정의했다.

미션이 분명하면 어떤 이점이 있을까?

첫째, 회사의 목적과 정체성을 정의해준다. 예를 들어, 메타는 더욱 개방적이며 투명한 세상을 만드는 데 뜻이 있다. 구글은 사람들이 차별 받지 않고 정보에 자유롭게 접근하는 세상을 만드는 데 뜻이 있다.

둘째, 구성원들에게 북극성을 제시해준다. 수많은 구성원들이 다양한 활동을 하는 데 초점을 잃지 않게 해준다. 메타나 구글은 이 미션을 고수하는 한 아무리 좋은 사업 아이템이라도 세상을 폐쇄적으로 만든다면 이를 포기할 것이다. 구성원들은 세상을 더욱 투명하고 개방적으로 만들기 위한 서비스와 제품을 창출하기 위해 노력할 것이다.

셋째, 현재 가지고 있는 사업 자체에만 집착하지 않게 하고 회사의 지속가능성을 더욱 향상시킨다. 미션이 분명하면, 그 목적에 더 부합하고 더 효과적인 사업이 등장한다면 언제든 현재 사업을 대치할 수도 있고 진화시킬 수도 있다. 만일, 전 세계 최고 SNS를 만드는 것이 미션이라면 그 SNS가 사라지는 순간 그 회사도 그 회사의 목적도 사라지게 된다. 그러나 세상을 투명하고 개방적으로 만들기 위한 것이 미션이라면 이와 연계되는 다양한 사업들을 계속 창출해나갈 수 있다. 더 훌륭한 사업이 나온다면 기존의 SNS도 포기할 수 있다. 그러므로 회사의 지속가능성을 더욱 향상시킨다.

미션은 회사에 멋으로 걸어놓는 장식용 글귀가 아니다. 미션은 그 회사의 정체성과 추구하는 목적, 사업의 진화 방향을 의미한다. 이러한 미션은 사람들에게 그 회사의 존재 이유를 말해주고, 그 회사가 이 세상에 어떤 가치를 제공하는지를 이해하게 한다. 구성원들 또한 무엇을 위해 일하는지 깨닫도록 하고 어떤 일을 해야 할지 무엇을 위해서 해야 할지를 알게 한다. 그러므로 당신이 리더라면 먼저 당신의 조직의 대의명분, 존재하는 이유를 구성원들과 같이 정하는 것이 조직을 하나로 만드는 가장 핵심적인 활동이다.

16장

핵심 가치:
우리는 어떻게 행동하는가?

핵심 가치란 회사의 기본 원칙이며 행동의 룰이다. 미션이 북극성이라면 핵심 가치는 북극성으로 인도하는 나침반과 같다. 핵심 가치는 정하기는 쉽지만 내재화하기는 미션보다 더 어렵다. 핵심 가치를 어떻게 세울지에 대해 묻는 리더들이 종종 있다. 대부분은 글로벌 회사들의 핵심 가치를 참고하여 평소 생각했던 좋은 단어, 예를 들어, 고객만족, 신뢰, 최고, 겸손, 단순, 품질, 정직 등을 선택한다. 그러나 핵심 가치를 정하는 것은 그냥 아무거나 맘에 드는 단어들을 고르는 활동이 아니다.

전작《일의 격》에서도 언급했지만 '핵심 가치'는 그걸 무시하고 돈 벌 다른 기회가 있을 때에도 돈 대신 선택할 배짱이 있어야 하는 가치이다. 그 회사의 정체성이며 의사결정의 우선순위이다. 창업자의 철학이므로 매우 신중하게 선택해야 한다. 창업자 또는 CEO가 말로는 핵심 가치라고 하면서 실제 결정에서 무시하기 시작하면 그것은 휴지조각이 된다.

나도 CEO를 할 때 제일 힘든 부분 중 하나가 "우리 가치를 무시하면 단기적 이익이 생기는 경우 어떻게 결정할까?"였다. 모든 임직원들은 이를 관찰한다. 리더가 기존에 설정한 가치를 포기하면 구성원 또한 그 가치를 기준 삼지 않는다. 만일 '신뢰'가 핵심 가치라면, 고객의 신뢰를 다소 저버리고 돈 벌 기회가 있더라도 이 기회를 포기할 정도가 되어야 한다.

대부분의 회사들이 가져가는 핵심 가치 중 하나는 '고객 중심'이다. 이 용어를 핵심 가치로 쓰려면 '고객 중심'을 저버리고 돈을 벌 수 있는 기회를 포기할 수 있을 정도의 각오가 되어야 한다. 예를 들어, 아마존 같은 회사는 이를 초기부터 해냈다. '고객 중심'을 넘어 '고객 집착'일 정도로 이 가치를 내재화했다.

애플처럼 '심플'을 핵심 가치로 내세운다면 좀 복잡하게 만들어서 돈 벌 기회가 있더라도 포기하는 것이다. 애플은 복잡한 제품을 만들어 돈 벌 기회가 무궁무진할 것이지만 이를 고수한다. '품질 제일'이라면 조잡한 제품으로 돈 벌 기회가 있더라도 포기하는 것이다. 삼성이 이를 해냈다. 스타벅스는 고객경험, 커뮤니티 등을 핵심 가치로 삼고, 코카콜라는 즐거움, 열정 등을 핵심 가치로 내세운다. 페이스북은 개방성, 연결성, 진실성, 앞서가기, 공감 능력 등을 핵심 가치로 삼는다. 사우스웨스트항공은 저비용, 안전을 핵심 가치로 내세운다.

빠르게 변하는 요즘 같은 세상에서 카멜레온처럼 변신해야지 무슨 가치냐고 말하는 리더들도 있다. 물론 아마존의 제프 베조스도 더 나은 방안이 있으면 언제든 카멜레온처럼 바꾸라고 했다. 그러나 이는 '방법', '전략', '비즈니스 모델'을 말하는 것이지 핵심 가치를 바꾸라는 것은 아니다. 그러면 그 기업의 정체성이 사라진다.

핵심 가치는 돈을 버는 것을 방해할까? 그렇지 않다. 명확한 철학과 차별화를 통해 돈을 더 크게 벌게 하고 더 중요한 것은 기업을 '지속가능'하게 돕는다. 아마존이나 애플이나 구글이 대단한 이유는 기술력에도 있지만 자신들의 가치를 악착같이 지켜왔기 때문이다. 불행히도 한국의 많은 회사들이 국민의 존경을 받지 못했던 것은 이런 철학 없이 그저 시류를 타고 적당히 줄타기를 해왔기 때문이다. 그러다 보니 잘 나가다가 한순간에 사라지기도 하고, 사라져도 고객들은 아무도 안타까워하지 않는다.

일하는 방식:
우리는 어떻게 일하는가?

회사의 북극성 같은 미션과 회사의 나침반 같은 가치가 정해졌다면 구성원들은 어디로 향하여 어떻게 일해야 할지 이해할 수 있다. 그럼에도 불구하고 실무에서는 조금 더 구체적으로 일하는 방식이 필요하다. 어떻게 일할 것인지 구체적인 방식이 정의되면 다음과 같은 장점이 있다.

첫째, 매 건마다 리더가 구성원들에게 잔소리처럼 들리는 피드백을 반복하지 않아도 된다. 동일한 사안에 대해서 유사한 피드백을 계속하는 것은 리더에게도 고통이고 이를 듣는 구성원들에게도 고통이다.

둘째, 일하는 방식을 명료하게 정의하면 이를 업데이트하고 발전시키기 좋다. 글로 명료하게 정의하면 더 좋은 방식이 나왔을 때 수정할 수 있다.

셋째, 인력채용 시 지원자는 해당 회사의 일하는 방식과 문화를 대략 추정할 수 있기에 자신의 가치에 맞는 회사를 선택할 수 있다. 기업 또한 지원자마다 별도로 설명할 필요가 없다. 회사의 일하는 방식은 회사의 핵심 가치와 연결될 필요가 있다. 예를 들어, 회사의 핵심 가치는 '개방성'인데 일하는 방식은 공유를 제한한다면 구성원들에게 혼란을 줄 수 있다.

배달의 민족이란 배달 서비스로 유명한 우아한 형제들은 일하는 방법을 '송파구에서 일을 더 잘하는 11가지 방법'이라는 제목으로 재미있게 표현하여 화제가 되었다.

1) 12시 1분은 12시가 아니다.
2) 실행은 수직적, 문화는 수평적.
3) 잡담을 많이 나누는 것이 경쟁력이다.
4) 쓰레기는 먼저 본 사람이 줍는다.
5) 휴가나 퇴근 시 눈치 주는 농담을 하지 않는다.
6) 보고는 팩트에 기반한다.
7) 일의 목적, 기간, 결과, 공유자를 고민하여 일한다.

8) 책임은 실행한 사람이 아닌 결정한 사람이 진다.

9) 가족에게 부끄러운 일을 하지 않는다.

10) 모든 일의 궁극적인 목적은 '고객 창출'과 '고객 만족'이다.

11) 이끌거나 따르거나 떠나거나.

우아한 형제들의 핵심 가치는 '규율 위의 자율' '진지함과 위트' '스타보다 팀워크' '열심만큼 성과'이다. 이들의 11가지 일하는 방법을 보면 이 네 가지 핵심 가치가 녹아 있음을 알 수 있다.

핵심 가치와 일하는 방식은 해당 회사의 인재상과도 연결된다. '고객 집착'이 가치인 기업은 고객 집착에 관심이 없는 사람은 아무리 똑똑해도 뽑지도 승진시키지도 않는다. '신뢰'가 가치인 기업은 신뢰를 대수롭지 않게 여기는 직원들은 아무리 똑똑해도 뽑지도 않고 승진시키지도 않는다. 개방성이 핵심 가치인 회사는 폐쇄적이고 정보를 공유하지 않는 직원은 채용하지 않는다. 혁신이 핵심 가치인 회사는 혁신적인 시도를 추구하는 직원들을 채용하고 승진시키려 한다. 이것이 쌓여 그 기업만의 문화를 만드는 것이다.

미션, 핵심 가치, 일하는 방식은 또한 그 회사의 브랜드와도 연결된다. '신뢰'의 가치를 지키는 기업은 그 회사와 구성원 전체가 '신뢰'로 뭉쳐 있고 그 회사의 서비스와 제품도 믿을 만하다. 이에 그 회사를 생각하면 고객은 '신뢰'를 떠올리게 된다. 따라서 핵심 가치-일하는 방식-인재상-브랜드-기업문화는 서로 다 연결되어 있다. 이게 제각각 따로 노는 기업은 철학이 없거나 불분명하다고 해도 과언이 아니다. 이렇게 무장된 회사는 돈만 벌고 덩치만 큰 그저 그런 회사가 아니라 규모와 무관하게 존재감 있는 회사로 포지셔닝 되는 것이다.

그럼 이러한 철학은 누가 정립할까? 사실 이를 정립할 수 있는 사람은 '창업자'이다. 언제 정립하면 좋을까? 구성원이 적을 때일수록 좋다. 10명, 100명 이하라면 지금이 가장 좋은 때이다. 이미 별 철학도 가치도 없이 어영부영 왔는데 구성원이 100명이 넘는다면 어려워진다. 이미 100명이 다들 다른 방향을 보고 있고 제 각각의 우선순위로 일을 할 테니 말이다. 사실 없는 게 아니라 몇 가지가 이미 암묵적으로 고착되어 있다. 그런데 바람직한 것이 아닌 것들도 있을 수 있다. 규모가 크면 클수록 어렵다. 기업들이 규모를 갖춘 후 이제야 핵심 가치를 정립해보고자 하지만 오래가지 못하는 이유가 이 때문이다.

그러면 미션, 핵심 가치, 일하는 방식 등은 영원해야 하는가? 그럴 리 없다. 변하지 않는 것은 없다. 대개 미션은 거의 변하지 않지만 미션조차도 재정의할 수도 있다. 가치와 일하는 방식 또한 고수할 것과 새롭게 세울 것을 주기적으로 고민해야 한다. 그러나 매년 바뀐다면 문제가 있다. 이 미션, 핵심 가치를 유지하는 것은 쉬운가? 당연히 쉽지 않다. 쉽지 않으니 세상에 사람들이 기억하는 독특한 기업은 별로 없는 것이다.

지금까지 미션, 핵심 가치, 일하는 방식에 대한 정의에 대해서 말했다. 딜라이트룸이라는 한 스타트업에서 정의한 내용이 흥미롭기에 참고로 기록해본다.

- **미션:** 우리는 사람들을 확실하게 깨운다. 전 세계 사람들에게 성공적인 아침을 선사하며 자신이 원하는 삶을 그려나갈 수 있도록 돕는다.
- **핵심 가치:** 우리는 성장, 효율, 자율, 즐거움을 핵심 가치로 두고 업무에 임한다.
- **일하는 방식:** 우리는 이렇게 일한다.
  1) 모두가 제품의 성장과 회사의 방향성에 자유롭게 기여한다.
  2) 피어리뷰를 통해 서로의 성장을 응원한다.
  3) 위계가 없는 수평구조를 지향한다.
  4) 1:1 미팅을 통해 지속적으로 소통한다.
  5) 타운홀 미팅을 통해 회사의 이슈를 투명하게 나눈다.
  6) 분기별 워크숍을 통해 우리의 상태를 점검하고 계획한다.
  7) 자유로운 스터디 결성을 통해 함께 성장한다.
  8) 온보딩을 통해 자연스럽고 빠르게 적응할 수 있도록 돕는다.

여러분의 기업이나 조직에 미션이나 가치, 일하는 방식이 분명하지 않다면 당장 구성원들과 같이 토의해서 정해보시라. 처음부터 완벽할 필요는 없다. 일단 정하고 시행해나가면서 오류를 바로잡고 명확히 해나가도 좋다.

18장

목표와 전략:
우리가 이루려는 것은 무엇이고
어떻게 성공할 것인가?

회사의 북극성인 미션이 정해지고, 이 북극성을 이끄는 나침반인 핵심 가치와 일하는 방식이 정해졌다면 그다음에는 조직이 실질적으로 이루려는 것을 정의할 필요가 있다. 리더들은 자신이 맡은 조직이 이루고자 하는 To-be의 모습을 정할 필요가 있다. 이 To-be의 모습은 더 멀리 보아도 좋지만 약 3년 후 정도로 정하는 것이 실제적이다.

3년 후에 우리 조직의 모습은 어떠한 모습일까? 우리가 만들고자 하는 결과^{outcome}는 무엇일까를 그릴 필요가 있다. 이때 중요한 것은 과거와 현재의 연장선상에서 정의하지 않는 것이다. 백지에서 그린다는 생각으로 그린다.

리더들은 구성원들과 같이 모여 3년 후의 미래에 대해 제한을 두지 말고 그림을 그린다. "우리가 아무 제한이 없다면 어떤 미래를 그릴 것인가? 3년 후 우리의 조직은 어떠한 모습인가? 대략적인 매출과 이익, 기업 가치는? 제품이나 서비스 포토폴리오는? 고객군들은? 경영 시스템은? 구성원들의 역량과 성장, 보상의 모습은?" 등을 그려본다.

3년 후의 그림을 그린 이후 이를 기반으로 1년 목표를 세운다. 많은 사람들이 과거로부터 현재를 만들고 미래를 만들려고 한다. 그러나 역으로 해야 한다. 미래를 그리고 그 미래로부터 현재를 만드는 것이 더 낫다. 3년 후 모습을 정한 후에는 이를 달성하기 위한 전략, 향후 1년 후의 목표와 몇 개의 전략과제를 정한다.

전략이란 무엇인가? 기업의 미래를 달성하기 위한 지도이다. '우선순위'이다. 모든 것을 만족시키는 것은 전략이 아니다. '선택과 집중'이 전략이다. 목표를 달성하기 위해 집중할 것과 버릴 것을 정의하는 것이 전략이다. 회사를 다르게 하는 요소, 경쟁자와 비교하여 독특한 요소를 정의하는 것이 전략이다.

항공사라면 어떤 서비스가 연상되는가? 저렴한 운임, 정시운항, 다양한 서비스, 고급스러운 분위기, 뛰어난 서비스⋯ 이런 모든 것을 만족시키는 것이 전략이 아니다. 사우스웨스트는 다양한 서비스나 일등석을 포기했다. 대신 저렴한 운임과 정시운행, 즐거움 이 세 가지에만 초점을 맞추었다. 이런 것이 전략이다.

자라와 유니클로는 둘 다 패션사업에 있지만 전략은 다르다.(출처: 승자의 경영) 자라는 최신 유행 옷을 저렴한 가격으로 빠르게 제공하는 것이 목표이다. 최신 유행 상품을 빠르고 저렴하게 내놓기 위해서는 어떻게 해야 할까? 유행을 예측하는 것이 아니라 다양한 제품을 테스트로 내놓고 무엇이 잘 팔리는지를 실험한 후 잘 팔리는 것에 집중한다. 이를 이루기 위해 고객 니즈를 매장에서 신속하게 수집하는 시스템을 구축한다. 생산의 리드타임을 줄이는 생산체계도 만들었다. 저렴한 가격을 보장하기 위해 자사가 아닌 협력사 공장을 사용하고 내구성이 약한 소재를 활용한다.

반면, 유니클로는 질리지 않는 좋은 품질의 옷을 전세계에 저렴한 가격으로 제공하는 것이다. '질리지 않는', '좋은 품질', '전세계', '저렴한 가격' 등 자라와 전략 키워드들이 다르다. 따라서 유행과 무관하게 오래 입을 수 있는 제품을 추구한다. 대형 시장을 타깃으로 하기에 좋은 소재를 사용한다. 스스로 제조하는 생산체계를 구축하여 품질을 유지한다.

자라와 유니클로처럼 업종이 유사해도 전략은 완전히 다를 수 있는 것이다. **훌륭한 전략을 짜기 위해서는 조직의 독특한 경쟁요소나 핵심역량이 무엇인지를 이해할 필요가 있다.** 어떻게 알 수 있을까? 첫째, 고객들에게 물어보라. 둘째, 구성원들에게 물어보라. 이를 모두 기록해본 후 토의를 거쳐서 정리해보라.

독자들의 이해를 돕기 위해 내가 경험한 한 가지 사례를 제시해본다. 대기업에서 B2B 사업을 맡았을 때였다. 그 당시 B2B 사업은 꾸준히 성장하고는 있었지만 성장률은 매우 둔화된 상황이었다. 매출 성장의 선행지표인 수주는 오히려 감소하고 있었다. 이러한 상황에서 회사에서는 디지털 사업 강화로 방향을 설정하였다. 이러한 회사의 큰 목표와 정렬하면서 현재의 성장 둔화를 극복하는 조직의 새로운 성장 방향과 전략을 수립할 필요가 있었다.

먼저, 우리가 가진 역량을 분석해보았다. 다음과 같은 핵심 역량이 있음을 발견했다.

1) 전국의 B2B 고객들에 대한 영업 역량 보유
2) 통신, IDC, 클라우드, AI 에 대한 최고 수준의 기술역량 보유
3) 복잡한 프로젝트 제안, 수행 역량 보유

이를 기반으로 우리는 B2B 영역에서 디지털 사업으로 성장하고 경쟁력을 가질 수 있음을 확신했다. 이에 우리는 먼저 우리 조직의 미션을 재정립했다. "기업의 디지털 트랜스포메이션의 파트너이자 이네이블러enabler로서 기업 경쟁력 향상, 혁신, 성장에 기

여한다."라는 미션을 세웠다. 다음으로는 우리의 3년 후 모습에 대해서 상상해보았다. 지금은 통신 B2B 사업자로서 위치이다.

3년 후의 모습은 어떠하면 좋을까? 통신뿐 아니라 디지털 영역에서 최고의 가치를 제공하는 B2B 사업자로 위치하는 모습이 우리가 원하는 모습이었다. 이를 위해 현재 수주의 30% 정도를 차지하고 있는 디지털 서비스 비율을 60% 이상으로 확대하는 것을 목표로 하였다.

그러면 이러한 모습을 이루기 위해서는 어떤 전략이 필요할까? 그냥 열심히 한다고 이룰 수 있는 것은 아니었다. 디지털 서비스도 영역이 많고 경쟁자 또한 많았기에 우리가 가장 잘할 수 있는 전략, 우선순위가 필요했다.

이에 3가지 전략을 정의하였다. 첫째는 우리가 경쟁력이 있고 강점이 있는 기존 통신 서비스에 디지털 서비스를 부가하여 가치를 높이는 것이다. 단순하게 통화나 문자 서비스를 제공하는 것에 만족할 수 없었다. 우리는 B2B 고객이 통화나 문자를 사용하는 이유를 찾아보았다. 대체로 '마케팅'을 위해서였다. 그들이 가지고 있는 고객들을 더 확보하고자, 자신들의 상품이나 서비스를 팔고자 우리의 통신 서비스를 이용하는 것이었다. 그러면 어떻게 우리가 고객에게 더 큰 부가가치를 제공할 수 있을까? 그것은 마케팅 목적 달성을 할 수 있도록 더 도움을 주는 것이었다. 단순하게 통신 서비스를 제공하는 것이 아니라 데이터를 분석해줄 수 있고 응답률도 분석해줄 수 있다는 것이었다. 이러한 방식으로 우리는 기존의 통신 서비스를 마케팅 서비스로 변화시킬 필요가 있었다. 이 전략이 제대로 통한다면 기존에 하락하고 있었던 통신 매출은 오히려 성장할 뿐 아니라 경쟁사에 비해서도 차별화될 것이다.

둘째로 우리가 잘할 수 있는 통신 기반 위에 디지털 서비스를 쌓기로 했다. 그 당시 디지털 전환 사업에 있어서의 경쟁은 SI 회사들, 플랫폼 회사들이었다. 이들 또한 자신의 강점이 있었다. 우리가 굳이 그들이 잘하는 영역에 들어가서 경쟁할 필요가 없었다. 이에 우리는 SI 회사들이 잘하는 차세대 개발이나 플랫폼 회사들이 잘하는 SaaS(Software as a Service) 영역은 하지 않기로 했다. 우리가 잘하는 통신의 기반 위에 올라가는 디지털 서비스에 집중하기로 했다.

마지막으로는 우리가 확보한 고객군들에게 새로운 서비스를 추가하기 위해서는 고객군에 맞는 서비스 모델을 확보할 필요가 있었다. 우리는 기존에 고객에 대한 연구를 별로 하지 않았다. 통신은 고객의 업을 이해하지 못해도 팔 수 있는 서비스였기 때문이다. 그러나 디지털 서비스는 고객의 업을 이해하지 않으면 팔 수 없었다. 이에 고객에 대한 이해와 분석이 필요했다. 업종별로도 달랐다. 이를 실행하기 위해서는 이를 분석하는 조직과 레퍼런스들이 필요했다. 이에 조직을 구성했다. 또한, 다행히 고객과 신뢰관계가 있기에 제휴를 통해 공동으로 프로젝트를 하는 전략을 수립했다. 이를 기반으로 사업을 확장하고자 했다.

이러한 미래 모습과 전략을 기반으로 당해연도의 목표를 설정하였다. 정량적으로는 수주, 매출의 성장 목표를 정하고 정성적으로는 구조와 역량에 대한 목표를 설정하였다. 그리고 이를 이루기 위한 4가지 핵심과제들 1) 산업섹터별 서비스 모델을 정립하고 제휴협력을 확보하기, 2) 통신을 디지털화하여 높은 가치를 제공하기, 3) 통신기반 위의 디지털 시장점유율 확대하기, 4) 영업, 컨설팅, 수행, 마케팅의 구조 혁신하기를 정의하였고 책임과 역할을 할당했다.

그 결과 우리는 이후 2년간 목표를 훨씬 뛰어넘는 매출과 수주 성장을 달성할 수 있었다. 디지털과 IT 서비스의 수주 비율 또한 목표를 초과달성 하였다.

19장

가시화, 체계 설계 및 공유

지금까지 아래 세 가지를 중점적으로 다루었다.

1) 미션, 핵심 가치, 일하는 방식 정의

2) 3년 후의 모습과 핵심 전략

3) 1년 후의 목표 및 핵심과제

이제 이를 문서로 명확히 기록하라. 더 좋은 것은 한 장의 그림으로 표현하는 것이다. 이를 통해 조직이 가야 할 바를 명확히 가시화할 수 있고, 모든 구성원들의 상호 소통 기반으로 활용할 수 있다.

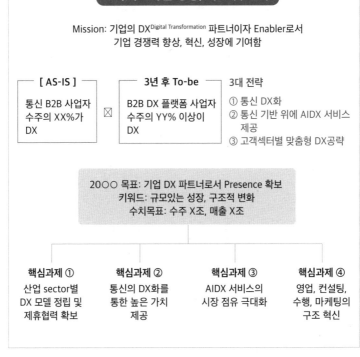

A사의 B사업 방향, 목표 및 전략

Mission: 기업의 DX^{Digital Transformation} 파트너이자 Enabler로서
기업 경쟁력 향상, 혁신, 성장에 기여함

[AS-IS]
통신 B2B 사업자
수주의 XX%가
DX

⊠

3년 후 To-be
B2B DX 플랫폼 사업자
수주의 YY% 이상이
DX

3대 전략
① 통신 DX화
② 통신 기반 위에 AIDX 서비스
　제공
③ 고객섹터별 맞춤형 DX공략

20○○ 목표: 기업 DX 파트너로서 Presence 확보
키워드: 규모있는 성장, 구조적 변화
수치목표: 수주 X조, 매출 X조

핵심과제 ①
산업 sector별
DX 모델 정립 및
제휴협력 확보

핵심과제 ②
통신의 DX화를
통한 높은 가치
제공

핵심과제 ③
AIDX 서비스의
시장 점유 극대화

핵심과제 ④
영업, 컨설팅,
수행, 마케팅의
구조 혁신

위의 내용은 18장에서 언급한 내가 경험한 사례를 한 장의 그림으로 표현한 예시이다. 나는 이러한 한 장의 그림을 기반으로 구성원들과 우리가 가야 할 방향과 전략을 소통하여 조직의 방향성을 일치시켰다. 실제 현장에서는 구성원들 대부분 자신의 회사나 자신의 조직에서 무엇이 중요한 일인지 잘 모른다. 회사나 자신

이 속한 조직이 어떤 모습을 지향하는지에 대해서 잘 모른다. 회사의 목표와 자신의 목표의 연관성을 아는 사람도 많지 않다. 그저 자신이 맡은 실무적인 일에 집중하는 경우가 대부분이다. 리더의 책임은 이를 명확히 하고, 공유하며 내재화될 수 있도록 하는 것이다. 이는 오케스트라 단원들에게 악보를 제공하고 하모니를 만드는 것과 같다. 악보가 없다면 단원들은 어떻게 함께 연주할지, 자신의 역할이 무엇인지 모르고 그저 자기 것만을 연주할 수밖에 없다.

이 그림을 다 그렸다면, 다음은 목표와 전략을 기반으로 조직을 구성하고 인사 시스템과 연결할 필요가 있다.

1) 조직은 전략과 일관성 있게 구성한다.

조직구성은 마음대로 하는 것이 아니다. 많은 리더들이 목표와 전략과 동떨어지게 조직을 구성한다. 이렇게 되면 실행이 이루어지지 않는다. 예를 들어 '고객경험을 극대화하는 것'이 전략이라면 그 전략을 실행할 조직이 구성되어야 한다. 그렇지 않으면 전략은 구호에 그치게 된다. 조직은 목표와 전략과 정렬되어야 한다.

2) 세부과제 및 책임과 역할을 분명히 한다.

최근에는 글로벌 베스트 프랙티스나 경영 서적들의 도움으로 많은 조직들이 미션이나 가치도 정립하고, 3년 후의 미래도 구상하고 1년 사업 계획도 정립한다. 대기업들에서는 사실 연간 사업계획과 조직개편은 철저하게 이루어지고 있다. 그런데 간혹, 계획 따로 실행 따로 진행되는 경우들이 있다. 계획을 멋진 파워포인트 자료로 정리한 후 잊어버리고 마는 것이다. 이를 방지하기 위해 큰 전략과 핵심과제들은 더 세부화되어 실무적인 세부과제로 정의되고, 책임과 역할이 분명해져야 한다. 그럼에도 불구하고 모든 실무자들이 회사 전체의 방향과 전략을 알 필요가 있는 이유는 작은 세부과제를 합해도 큰 과제이행이나 전략이 성취되지 않는 경우가 많기 때문이다. 이에 큰 관점을 보면서 세부 실행이 이루어지도록 해야 한다.

3) 회사의 인사 시스템과 연결한다.

인사 시스템에는 여러가지가 포함되지만 특히 목표를 설정하고, 모니터링하며 성과를 측정하고 피드백하고 평가하며 보상하는 시스템이 필요하다. 사람들은 인센티브가 향하는 방향으로 움직이게 된다. 목표는 적절한가? 평가와 보상은 공정한가? 어떤 때 보상하는가? 어떤 경우에 승진하는가? 이러한 것들은 사람들을 열정적으로 움직이게 하기도 하고 무기력하게 만들기도 한다.

　리더가 아무리 해당 조직의 목표와 전략을 잘 설정하고 공유하더라도, 그 목표와 전략 달성과 크게 상관없는 사람들이 좋은 평가를 받고 보상받는다면 구성원들은 실망하고 움직이지 않게 된다.

마지막 단계는 일할 수 있는 환경을 만들어주고 일상의 실행으로 녹여내는 것이다. 이를 통해 구성원들이 어떤 방향으로 가야 할지 분명히 하고 한 마음으로 일상에서 실행할 수 있도록 돕는다.

이를 위해서는 다음과 같은 방법이 필요하다.

1) **명문화한다.** 회사의 미션, 가치, 일하는 방식, 회사 전체의 미래 모습과 목표는 회사 관점에서 명문화하고 공개한다. 산하 리더들 또한 자신이 맡은 부서의 목표와 전략을 명확히 문서로 정리한다.

2) **공유의 시간을 가진다.** 회사 전체의 목표와 전략에 대해서는 가능한 대표이사가 직접 설명하고 질의 응답 시간을 가진다. 각 부서의 목표와 전략은 산하 리더들이 공유 시간을 정하여 공유한다. 이러한 공유는 한번에 그치는 것이 아니다. 구성원들이 꾸준히 리마인드할 수 있도록 다양한 커뮤니케이션 툴들을 활용한다.

3) **부서의 목표와 전략과제를 기반으로 구성원 개개인의 목표,**

책임, 역할을 명문화한다.

4) **목표와 전략이 효과적이고 효율적으로 실행되고 피드백될 수 있는 체계를 운용한다.** 대표적으로는 다음과 같은 체계들이 있다.

• 주간 미팅, 월간 미팅, 분기별 미팅 등의 미팅 및 현안별 회의/보고 체계: 보고와 미팅은 목표의 실행에 있어 매우 중요한 툴 중 하나이다. 특히 월별, 분기별로 목표대비 어떤 결과가 이루어졌는지, 실행하면서 얻은 레슨은 무엇인지, 향후 수행해야 할 목표와 계획은 무엇인지에 대해서 공유하며 상호 논의한다.

• 성공사례 공유 및 인정/포상의 장: 미션과 가치, 목표 관련 성공사례들을 공유하고 구성원들을 인정하며 포상하고, 상호 배울 수 있는 워크숍, '~DAY', 시상 프로그램 등 다양한 장을 만든다.

• CEO와 리더들의 메시지: CEO와 리더들은 정기적, 수시로 과도할 만큼 메일, 커뮤니케이션 플랫폼 등을 활용하여 구성원들이 회사의 방향과 목표에 있어서 초점을 잃지 않도록 리마인드한다.

• 피드백 시스템: 목표와 전략을 명확히 하고, 부서별, 개인별 과정과 결과를 입력하며, 피드백 받을 수 있는 체계가 SW화되어 있다면 더욱 좋다.

다시금 정리하거니와 조직을 움직이게 할 수 있는 핵심 비결은 '목표 관리'이다. 훌륭한 리더는 목표를 명확히 하고 이를 전달하고 공유한다. 이 목표를 효과적이고 효율적으로 달성할 수 있도록 일할 수 있는 환경을 조성하고 조직과 역할을 정립한다. 조직 목표와 연계된 개개인별 목표, 책임과 역할을 분명히 한다. 일상에서 조직 전체 및 부서의 목표가 달성될 수 있도록 공유, 보고, 회의 및 피드백 체계를 효과적이고 효율적으로 운용한다. 부서별, 개인별 실행 및 결과를 모니터링하며 피드백하는 시스템과 연결하고 관리한다. 이에 공정한 평가와 보상이 이루어지도록 한다. 이를 통해 구성원들이 스스로 목표를 향해 움직이고 협력하며 성장하며 인정받고 보상받을 수 있도록 한다.

20장

탁월한 리더의 첫 번째 자질: 가치와 원칙을 고수한다

종종 리더들이 내게 상담하러 온다. 많은 분들은 훌륭한 리더가 되기 위해서 최신 리더십 기법을 배우거나 자신의 성격을 고쳐야 한다고 생각한다. 물론 기법도 중요하고 균형 잡힌 성격도 필요하지만 그것이 뛰어난 리더의 핵심 요인일까?

가끔 백종원 씨의 식당 자문 프로그램을 본다. 2017년 그는 예산 국밥거리 프로젝트를 수행한다. 국밥거리를 부흥시키며 이름을 백종원 거리라는 명칭까지 붙인다. 그러나 이후 그는 국밥거리에서 자신의 이름을 빼주길 요청했다. 그 이유는 국밥집들이 자신과 약속했던 원칙을 지키지 않는다는 것 때문이었다. 장사가 안 될 때 백종원 씨를 따르던 분들 중 상당수가 장사가 잘되자 백종원이 자신들을 힘들게 한다면서 불평하고 원래 자기 방식대로 돌아가려 했다.

하나의 예시로, 그는 사람들이 오지 않는 한 국밥집을 자문하면서 한 가지 원칙을 신신당부한다. "당일 삶은 고기로만 한다." 그러자 국밥 맛이 완전히 좋아졌고 사람들이 찾기 시작했다. 그런데 시간이 지난 후 그 집에 가보았다. 그런데 주인은 슬슬 타협하기 시작했다. 이런 저런 핑계를 대며 신선하지 않은 고기를 사용하기 시작했다.

예전에 본 골목식당 프로그램에도 유사한 사례가 있었다. 한 떡볶이 집을 백종원씨가 자문을 해주었고 번성했다. 그는 몇 가지 원칙을 강조한다. "튀김은 미리 튀겨놓지 말고 손님이 오면 튀겨라. 떡볶이는 미리 잔뜩 만들어 놓지 마라. 기름은 재사용하지 마라." 백종원 씨가 1년 후에 다시 가보니 손님이 없었다. 이유는 단순했다. 원칙을 지키지 않고 다시 자기 방식대로 하고 있었다. 그러면서 오히려 백종원 따라 해서 잘 안 되었다는 식으로 불평했다.

사람들이 성공을 지속하지 못하는 이유는 몰라서이기도 하지만 배우고 알고 심지어 성공경험을 해도, 그 원칙을 고수하지 못하기 때문이기도 하다. 원칙이란 무엇인가? 한마디로 말하면 이걸 포기하면 당장 이득이 있어 보이는데 장기적인 뜻을 위해 고수하는 뜻과 가치를 의미한다.

2004년 CNBC의 프로그램 'Nightly Business Report'가 방영 25주년을 맞아 와튼 스쿨 교수들과 지난 25년간 가장 뛰어난 리더 25인을 선정했다. 여기에는 인텔의 앤디 그로브, 사우스웨스트의 허버트 켈러허, 마이크로소프트의 빌 게이츠, 애플의 스티브 잡스, 아마존의 제프 베조스, 버크셔 헤서웨이의 워렌 버핏, SAS의 짐 굿나이트, 경영학 교수인 피터 드러커 등이 포함돼 있었다. 리더 선정에 관여한 와튼 스쿨 교수들은 이들의 리더십의 공통점을 찾기 위해 애썼다.

그런데 불행히도 이들의 공통점이 많지 않았다. 버크셔 헤서웨이의 워렌 버핏이나 SAS의 짐 굿나이트 회장, 사우스웨스트의 허버트 켈러허 회장 같이 친절하고 유쾌하며 부드러운 리더들도 있었다. 그런데 그 명단에는 앤디 그로브, 스티브 잡스, 제프 베조스처럼 일반인들이 볼 때 괴팍하고 편집증적인 리더들도 있었다.

그런데도 이들이 왜 훌륭한 리더로 선정되었을까? 리더 선정에 관여한 무글 판다 교수는 그들의 공통점을 찾았다. 그것은 '끈질김'이었다고 한다. 흔히 우리는 부드러운 리더들이 훌륭하고 뛰어난 리더일 것이라고 생각하지만, 그들이 뛰어난 리더로 인정받는 것은 그들이 조용하고 친절하고 부드러워서가 아니라는 것이다. 겸손하고 부드럽지만, 독하고 끈질기게 원칙을 지키고 성과를 이루었기 때문이다. 반면, 괴팍함에도 불구하고 뛰어난 리더들이 많은 사람의 존경을 받는 이유 역시 그들에게는 '끈질김'이 있었기 때문이다.

그러나 무조건 끈질기다고 탁월한 리더로 인정받는 것은 아니다. 잘못된 것에 대한 끈질김이나 자신의 사욕에 대한 끈질김은 독선과 아집이며 주위와 사회에 피해를 준다. 그렇다면 그들은 무엇에 대해 '끈질김'을 가졌을까? 그들은 큰 꿈을 좇는 데 있어서, 원칙과 가치에 대한 자신의 엄격한 기대 수준을 가지고 전진하는 데 있어서 '끈질겼다'. 예를 들어 잡스는 '단순함'의 원칙, 앤디 그로브는 '최고의 품질', 베조스는 '고객 중심'의 원칙에 끈질겼다. 이들은 이런 원칙들을 위해서는 손해를 마다하지 않았다. 선정된 리더들 25인 하나하나가 다 자신들의 꿈, 원칙과 가치에 대해 끈질겼다.

많은 기업들이 그저 그런 이유는 무엇일까? 원칙이 없기 때문이다. 향후 브랜드나 신뢰를 침해하더라도 당장 눈앞에 돈이 될 것 같은 것을 한다. 심지어 법적 문제가 있어도 한다. 미래는 별 관심이 없다. '고객 우선'이라고 써놓고 고객은 손해보지만 자신의 이득을 높이는 제안을 하고, '신뢰'가 중요하다고 말은 하지만 고객이나 직원을 속인다. 원칙이 없으니 독특한 기업도 기억에 남을 만한 기업도 존경 받을 만한 기업도 많지 않다.

물론 인격적으로 문제가 있는 리더는 당연히 퇴출되어야 한다. 그러나 탁월한 리더가 되기 위한 핵심은 특정한 성격이나 기법 습득이 아니다. '사심 없이 큰 뜻에 대한 가치와 원칙을 끈질기게 고수하는' 리더들이 탁월한 성과를 창출하고 기업의 가치를 높인다.

21장

탁월한 리더의 두 번째 자질:
원칙이 아닌 영역은
언제든 생각을 바꿀 수 있다

예전에 한 CEO가 있었다. 그분은 고집이 참 강했다. 좋은 말로 하면 소위 소신이 있는 분이셨다. 그 소신 덕분에 기업이 성공했다. 남들이 반대하던 사업을 자신의 고집으로 성공시켰다. 그런데 불행히도 그 성공경험이 오히려 자신의 발목을 잡게 되었다. 세상과 환경이 바뀌었는데도 자신의 예전 생각을 계속 고수했고 결국, 회사는 쇠락하고 말았다.

탁월한 리더의 두 번째 자질은 '원칙과 가치가 아닌 영역에서는 자신의 생각을 언제든 바꿀 수 있는가'이다. 아마존의 제프 베조스는 자신이 같이 일하고자 하는 '탁월한 사람'의 기준을 다음과 같이 말했다.

"가장 탁월한 사람들은 끊임없이 자신의 이해를 수정한다. 그들은 이미 해결했던 문제들에 대해서도 다시 고려해본다. 그들은 그들의 기존 사고에 대항하는 새로운 관점, 정보, 생각, 모순, 도전 등에 대해 열려있다. 자신의 예전 생각이 잘못되었다면 언제든 바꾼다."

그런데 많은 리더가 새로운 정보가 들어왔음에도 불구하고 자신의 기존 의견을 잘 바꾸지 않는다. 왜일까? 자신의 의사결정을 바꾸는 것은 '자신이 틀렸고 패배했으며 어리석었음'을 인정하는 것이라 생각하기 때문이다. 이에, 설령 새로운 증거가 나타나서 과거 의견이 잘못된 것이 명백함에도 의견을 잘 바꾸지 않는다. 특히 자신보다 낮은 직위의 구성원들이 자신의 의견과 다른 증거를 가져온다면 더더욱 그러하다.

물론 몇 가지 핵심 가치와 기본 원칙은 흔들리지 않고 고집스럽게 지켜나가는 것이 필요하다. 또한 자신의 의견을 바꾸라는 것은 아무 생각도 줏대도 없이 남의 말에 혹해서 정신 없이 이랬다 저랬다 하라는 의미는 아니다. 자신의 의견은 가지고 있되, 가정과 사실과 환경이 바뀌면 과감히 변경하라는 것이다. 가정이 바뀌고, 사실이 바뀌고, 환경이 바뀌었는데도 '일관성'을 부르짖는 것은 '만용'일 뿐이다.

디지털 카메라가 세상을 휩쓸고 있는데도 필름사업을 고집한 코닥의 경영자들을 보라. 흥미롭게도 디지털 카메라를 세상에서 가장 먼저 발명한 곳이 바로 코닥이었다. 그러나 세상이 디지털로 바뀌고 있는데도 필름사업이 그 동안 돈을 벌어주었기에 그것을 고수한 것이다. 뒤늦게 이것이 아님을 깨달았지만 이미 늦었다.

반면, 후지필름은 필름이 더 이상 쓰이지 않을 수 있다는 생각을 했다. 그리고 필름으로 돈을 벌 수 있다는 생각을 바꾸었다. 후지필름의 코모리 시게타카 CEO는 "우리 상황은 도요타에서 자동차가 없어지는 것 같다. 우리는 이 사태를 정면으로 대처해야 한다."라고 발표하고 필름사업을 구조조정 했다. 대신 그 기술력을 가지고 의약품, 화장품, 바이오에 응용하여 신사업을 만들어냈다. 그 결과 코닥은 파산했지만 후지는 사상 최고의 영업이익을 기록하고 있다.

정말 탁월한 리더들은 일관성에 얽매이지 않는다. 자신이 틀렸음을 인정하는 것을 '나는 바보가 되었다'라고 해석하지 않는다. 지금은 애자일agile 시대라고 한다. 과거는 어느 정도 예측이 가능하고 변화가 크지 않았기에 오랜 기간을 고민해서 명확한 계획을 세워서 일관성 있게 추진하는 것이 정답이었다. 전통기업의 리더들은 이러한 방식에 익숙하다. 그러나 지금은 그러한 방식은 회사를 망하게 할 수도 있다. 지금 디지털 기업들의 성공방정식은 다르다. "우리는 잘 모른다", "미래는 예측하는 것이 아니다."라는 생각을 가지고 있다. 리더가 모든 것을 알 수도 없고 예측할 수도 없다. 이에 가설을 세우고 실험을 해야 한다. 그리고 그 가설이 맞는다면 추진하고 그렇지 않다면 다시 가설을 수정하고 다시 실험을 하면서 방향을 찾아가는 것이다. 이것을 애자일 경영이라고 한다. 민첩함이 핵심이라는 것이다. 그러므로 자신의 의견을 바꾸는 것을 매우 자연스럽게 생각한다.

연구에 의하면, '지적 겸손Intellectual humility'을 가진 사람들이 더 나은 의사결정을 한다고 한다. 지적 겸손도가 낮은 사람들은 시시비비를 잘 가리지도 못하면서 사람들 앞에서 자기가 맞다고 주장한다. 반면, 지적 겸손도가 높은 사람들은 "분명한 의견을 갖고 있지만 그것에 집착하지 않는strong opinions, which are weakly held" 자세를 가진다고 한다. 이것은 더 분명한 사실과 증거가 나오면 언제든 이를 바꿀 수 있는 자세를 의미한다.

나 또한 유사한 경험이 있다. IT조직을 맡았을 때였다. 그 IT 조직은 일반적인 IT조직과 마찬가지로 전통적으로 "우리는 사업이 시키는 대로 한다.", "시스템은 철저한 계획에 의해서 만들어져야 한다.", "자체 SW인력은 불필요하고 외주를 주면 된다."라는 관념을 가지고 있었다.

그러나 나는 IT부서 리더들과 함께 이 가정을 바꿔보자고 이야기했다. "세상이 바뀌었다. 지금 회사들을 보라. 사업이 시키는 대로 IT가 움직이는 것이 아니다. IT와 사업이 초기부터 같이 기획하고 디자인하고 시스템을 만들어낸다. IT가 오히려 사업을 리드한다. 개발도 과거와 달리 빠르게 시제품을 만들고 이를 수정하는 방식으로 한다. 이러한 상황에서 우리는 외부에 모든 것을 의존하면 안되고 자체 SW인력들을 확보하고 육성해야 한다."

초기에 리더들은 이 말을 믿지 않았다. 그러나 선진 기업들의 성공사례들을 계속 접하고, 실제 우리가 몇 가지 작은 프로젝트에서 성공을 거두면서 과거의 생각을 전환할 수 있었다. 이후 회사가 디지털 서비스로 대전환을 할 때 이때 준비한 역량은 큰 기반이 되었다.

《INC》라는 비즈니스 잡지의 한 기사는 이렇게 권고한다. "상대가 진짜 똑똑한지, 아니면 허풍인지를 구별하는 질문이 있다. 그것은 '당신이 당신의 기존 의견을 바꾼 때는 최근에 언제인가'를 확인하는 것이다. 상대가 자신이 틀렸음을 인정한 기억이 별로 없다면 그 사람은 진짜 똑똑한 사람이 아님에 틀림없다. 당신이 스스로 틀렸음을 인정하고 생각을 바꾼 때는 언제인가? 만일, 기억하기 어렵다면 당신은 그렇게 탁월한 리더가 아닐 가능성이 높다."

22장

탁월한 리더의 세 번째 자질:
모르는 것을 모른다고 말한다

한 기업의 CEO로 부임하게 된 분이 내게 찾아와서 이런 이야기를 했다. "제가 사실은 그 기업에 대해서 잘 모릅니다. 그러면 직원들이 저를 무시하지 않을까요? 제가 무능해 보이지 않을까요? 완벽하게 그 기업을 알아야 하는데 걱정입니다." 이에 내가 대답했다. "모르는 것은 그 직원들에게 물어보면 되죠. CEO가 어떻게 모든 것을 알 수 있겠습니까?"

한 벤처기업의 팀장 한 분 또한 고민하고 있었다. "저는 디자인을 잘 모르는데 디자인 팀장을 맡게 되었습니다. 제가 그들보다 뛰어난 전문역량으로 그들을 지도해야 하는데 큰일입니다." 나는 대답했다. "팀장이 전문성이 높으면 좋겠지만 그렇지 못해도 충분히 훌륭한 팀장의 역할을 할 수 있어요. 오케스트라 지휘자가 각 파트의 연주를 잘하는 것은 아니지요. 모르는 부분은 아는 척하지 말고 오히려 도움을 구하세요."

우리는 탁월한 리더에 대한 착각이 있다. 모든 것을 알고 답할 수 있는 천재 같은 리더이다. 또한, 강력한 의지로 자신의 의견을 끝까지 고수하는 리더를 탁월한 리더라고 생각하는 경향이 있다. 물론 이러한 리더상은 사실 산업시대에는 맞았을 수 있다. 그때는 변화가 크지 않고 정보의 양도 많지 않았으며 미래가 어느 정도 예측 가능했다. 그러므로, 더 오래 근무한 사람들, 더 경험과 지식이 많은 사람들이 더 많은 것을 알았고 올바른 의사결정을 할 가능성이 높았다.

그러나 지금은 불확실성 시대, 복잡성 시대이다. 변화가 선형적으로 이루어지지 않는다. 비선형적으로 이루어진다. 즉, 과거의 연장선상에서 변화가 이루어지는 게 아니라는 것이다. 지식과 정보의 양도 엄청나다. 리더가 모든 것을 알 수 있는 시대가 아니다. 리더가 자신의 과거 경험에 근거하여 미래를 추진하기에는 너무나 불확실성과 위험이 높은 시대이다. 그러므로 이제 탁월한 리더에 대한 관점을 바꿀 필요가 있다. 이 시대에는 누가 진짜 탁월한 리더일까?

첫째, 모르는 것을 모른다고 하는 리더이다. 과거 천재경영의 대표적인 회사 중 하나가 '마이크로소프트'였다. 세계 최고 시가 총액을 기록했던 마이크로소프트에는 뛰어난 사람들이 입사했다. 입사한 직원들이 다들 자기가 천재급이라는 것을 증명하고자 했다. 스스로도 천재였던 CEO 스티브 발머는 이들을 경쟁시켜서 진짜 천재를 찾아내고자 했다. 실패하면 천재가 아니라고 간주하여 낮은 평가를 주거나 해고했다.

그러자 이들 사이에 문제가 생겼다. 천재들은 실패하지도 않고, 누구에게 묻지도 않는다. 그러므로 잘 묻지도, 정보를 공유하지도 않았다. 그리고 목표를 낮게 설정했다. 높게 했다가 실패하면 멍청이라고 비난 받기 때문이다. 실패를 두려워하고 작은 성공에 목메며, 모르는 것을 두려워했다. 부서 간에 서로 정보를 감추었다. 당연히 회사는 점점 쇠락해졌다.

그런데 새롭게 CEO로 부임한 사티아 나델라^{Satya Nadella}는 임원들과 기술자들이 모인 회의에서 이렇게 말했다고 한다. "저는 이 기술을 몰라요. 설명을 해주세요." 그리고는 이런 말을 했다. "모른다는 것과 실패했다는 것은 멍청하다는 의미가 아닙니다. 성장을 의미하는 것입니다. 우리에겐 천재가 필요한 게 아니라 서로 협력하는 팀이 필요합니다." 자신이 천재가 아님을 밝힌 것이다. 그러자 그동안 천재 흉내를 냈던 임직원들이 숨을 쉬게 되었다. 실패를 두려워하지 않고 높은 목표를 설정하고 정보를 공개했다. 모르는 것은 솔직하게 서로 묻고 답했다.

한 대기업에서 어떤 기업과 계약하는 사항을 보고 받을 때였다. 사실 나는 그 업무를 잘 몰랐다. 그러나 아는 척하고 "계약을 이런 방식으로 바꾸면 우리가 큰 이익이 될 것 아닌가요?"라고 이야기했다. 사실 나는 그것을 지시라고 생각하지는 않았고 아이디어 수준이니 한번 검토만 해보라는 의미였다.

그런데 몇 주가 흘러 그 부서의 리더는 내게 어렵게 말을 꺼냈다. "말씀드리기 송구스러우나 지난번 지시한 사항을 이행해보려고 노력했지만 이미 합의가 된 사항이고 현실에 맞지 않은 부분이 있어 지금 이를 해결할 수 있는 다양한 방안을 고려하고 있습니다." 이에 나는 즉시 더 이상 내가 말한 아이디어를 검토할 필요가 없다고 말했다. 사실 내용을 잘 모르는 나는 그냥 생각나는 아이디어성의 이야기를 하고 단순히 검토해보라는 의도였지만 산하 구성원들은 그렇게 생각하지 않은 것이다. 그들은 상사의 지시이니 말이 안 되더라도 성공시킬 방안을 찾아야 한다고 생각했던 것이다. 상사들이 잘 모르면서도 아는 척하고 현실에 맞지 않는 엉뚱한 지시로 일에 어려움을 가중하는 경우들이 있음을 실감하는 순간이었다.

리더의 큰 실수 중 하나는 자신이 모든 것을 안다고 생각하는 것이다. 또한 모르는 것을 모른다고 말하지 않는 것이다. 말할 경우, 구성원들에게 무시 당할까 또는 자신의 권위가 떨어질까 두려워서이다. 이에 모르는 것도 아는 척하거나 잘 모르면서도 과감하게 지시하고 의사결정 하기도 한다. 그런데 흥미롭게도 구성원들은 이 사실을 알고 있다. 리더가 모르면서도 아는 척하고 마구 지시를 내릴 때마다 오히려 존경과 권위가 사라지게 된다. 또한 엉뚱한 의사결정으로 회사를 어렵게 할 수도 있다.

사실, 모르는 것은 모른다고 하는 데에는 상당한 용기가 필요하다. 그러므로 용기를 내어 솔직하게 말해야 한다. 그리고 배우고 귀 기울일 필요가 있다. 이것은 자신의 무능을 드러내는 것이 아니다. 배움과 성장을 드러낼 수 있는 기회이다. '모르는 것을 모른다고 하는 것', 이것이 탁월한 리더의 첫 출발점이다.

"인간의 본성은 악하지도 선하지도 않다. '약(弱)'할 뿐이다.
환경에 따라 악해질 수도 선해질 수도 있다. 약하기에 실수도 하고
유혹에도 흔들린다."

- 이타미 히로유키(일본의 경영철학자)

3부

어떻게 파워풀한 팀을
만들 것인가?

리더의 핵심 임무는 첫째, 목표와 방향을 명확히 하고,
둘째, 구성원들이 일할 수 있는 환경과 체계를 정비하며, 마지막으로
구성원들을 임파워하고 고무하고 지원하여 팀이 목표를 달성하도록
하는 것이다.

23장

리더가 구성원을 움직이려면
무엇을 알아야 할까?

스타트업이나 벤처 CEO들이 찾아와서 자문이나 코칭을 요청하는 경우가 종종 있다. 경영의 영역을 크게 나누면 '전략, 마케팅, 재무/회계, 인사/리더십'으로 나눌 수 있다. 흥미롭게도 내게 전략이나 마케팅, 재무회계 분야를 질문하는 분들은 거의 없다. CEO들은 매우 영민하기에 전략과 마케팅에 있어서는 프로라고 할 수 있다. 그리고 재무나 회계는 대부분 내부에 CFO들이 있기에 큰 어려움을 겪지 않는다. 결국 대부분의 질문은 인사/리더십 이슈이다.

사실 논리적이고 똑똑한 리더들에게 조직을 운영하는 일은 매우 비합리적으로 보인다. 전략, 마케팅, 재무/회계 등은 대부분 논리적인 틀 안에서 돌아간다. 똑똑한 사람들이 똑똑한 방법을 사용하면 결과가 어느 정도 예측 가능하다. 그러나 사람들에게 열정과 동기를 불러일으키고 이들로 하여금 성과를 내게 하는 영역은 논리적으로 잘 이루어지지 않는다.

게다가 대다수 리더들은 이 영역에 시간과 에너지를 잘 쓰지 않는다. 그들은 일을 매우 뛰어나게 잘하고 일을 잘 해내는 것에 많은 관심과 시간을 사용하지만, 그 안에서 일하는 사람들에 대한 영역에 시간을 많이 쓰지 못한다. 사람에 대한 관심이 낮고 사람의 심리에 대한 이해가 부족한 경우가 많다. 리더들의 철학이 분명한 회사들은 창립부터 이러한 부분을 고려해서 탄탄한 팀워크와 조직문화를 만들어가지만, 대부분의 기업들은 뒤늦게야 이러한 영역의 중요성을 깨닫는다. 그러나 이 영역은 하루아침에 금방 변화되는 영역이 아니다.

당장의 큰 성공에는 사람이나 팀의 요소가 그렇게 크게 보이지 않는다. 트렌드에 맞는 좋은 사업모델과 전략이 결합되면 당장에도 폭발적인 성장과 성과를 보일 수 있다. 이에 CEO들은 반짝이는 아이디어와 똑똑함에 더 무게를 두는 경향이 있다. 그러나 내가 이 책에서 강조해온 '지속가능한' 성과창출이라는 관점에서 보면 결국 '사람'과 파워풀한 팀의 구성이 더 핵심적인 요소임을 절감하게 된다. 운이 좋아서 회사가 갑자기 성장했을 때 그 성장을 유지할 수 있는 힘, 성장의 규모를 확장할 수 있는 힘은 이 파워풀한 팀에 달려있다.

큰 성공을 거둔 30대 창업자를 만났다. 그는 이런 이야기를 했다. "제가 20대에 창업해서 엄청난 성공을 거두었습니다. 벤처캐피털(venture capital, VC)과 대기업들에서도 수천 억의 투자를 받았고, 직원수도 몇 백 명이 갑자기 증가했습니다. 그런데 저는 그런 직원들을 어떻게 조직화하고 어떻게 의욕을 이끌어낼지 잘 몰랐습니다. 그런데 직원들이 팀으로 이탈하기 시작했습니다. 조직이 망가지고 결국 지금 20명의 직원들만 남았습니다. 다시 한번 시작해보려는데 어떻게 해야 할까요."

이 창업자의 고민을 어떻게 해결할까? 앞에서 나는 리더들의 임무가 목표 관리, 일 관리, 사람 관리라고 했다. 리더가 먼저 할 일은 명확한 목표를 정하고, 일할 수 있는 환경과 체계를 만드는 것이다. 이는 거시적인 접근이다. 다음에는 구성원이 한 팀이 되어 같이 목표를 달성하도록 임파워하고 고무하며 지원하는 것이다. 이는 미시적인 접근이다. 이때, '관리'라는 표현이 적절하지는 않지만 편의상 이 단계를 '사람 관리'라고 표현했다. 사람 관리란 단순히 구성원 개개인에 대한 관심, 지원과 임파워를 의미하는 것은 아니다. 구성원이 하나의 팀으로 파워를 내고 결과를 이룰 수 있도록 임파워하고 고무하고 지원하는 것을 포함한다.

이를 위해서 리더에게 가장 필요한 것은 무엇인가? 사람과 팀에 대한 이해이다. 리더들은 사람에 대한 이해가 필요하다. 사람은 어떤 욕구가 있는가? 사람은 어떻게 움직이는가? 이런 문제에 관심을 갖고 공부해야 한다. 이에 기반하여 구성원을 보는 관점을 정립하며, 이러한 관점하에서 진정성 있는 실행을 지속할 필요가 있다.

사람들을 이해하기 위해서는 공통성과 개별성 두 가지를 모두 이해할 필요가 있다. 1,000명의 조직이라면 1,000명의 구성원이 다 다를 것 같지만, 인간으로 유사한 공통적인 욕구들이 있다. 그럼에도 불구하고 세부적인 가치와 욕구는 개개인마다 조금씩 다르다. 이에 리더들은 인간의 공통적 욕구를 먼저 이해하고, 개별적으로 어떻게 다른지를 파악해서 대응할 필요가 있다.

인간의 공통적인 욕구는 '매슬로의 욕구 5단계 이론'으로 이해할 수 있다. 인간의 욕구는 여기에 거의 다 들어있다. 인간은 생존과 안전의 욕구가 있지만, 관계의 욕구, 인정의 욕구, 자아실현 욕구 또한 존재한다. 그러므로 구성원은 생존과 안전을 위한 보상이나 돈에도 움직이지만, 성장, 성취, 인정에도 움직인다. 더하여 자신의 한계 극복, 의미에도 움직인다. 외적인 성취도 중요하지만 내적인 성취 또한 중요하게 여긴다. 당근과 채찍은 단기간에 효과가 있지만 관계, 공동체 기여, 자율, 성장, 의미는 더 지속적인 동기를 부여한다.

그럼에도 불구하고 개개인을 움직이는 힘은 개인에 따라 조금씩 다르다. 왜 다를까? 개개인마다 목적과 가치가 다르고, 성향이 다르며, 지금까지의 거쳐온 경험과 현재의 상황이 다르고 형성된 사고방식이 다르기 때문이다. 이에 인간의 공통적인 욕구는 유사하지만 개개인을 움직이는 동력은 사람마다 차이가 있다. 그러므로 리더들은 이 두 가지 모두를 이해할 필요가 있다.

주의할 것은 사람과 개개인들의 동기를 잘 이해한다고 해서 파워풀한 팀이 자동적으로 만들어지는 것은 아니다. 리더는 개개인의 공통되면서도 약간씩 다른 가치와 동기들을 팀의 목적과 목표에 연결시킬 필요가 있다. 이렇게 되어야지만 파워풀한 팀이 만들어진다. 파워풀한 팀을 만들기 위한 관점과 실행에 대해서 하나씩 살펴보기로 하자.

24장

구성원을 바라보는 관점 1
한 사람의 인간으로 대하자

파워풀한 팀을 만들기 위해서 먼저 구성원에 대한 관점과 철학을 정립할 필요가 있다. 리더의 관점과 철학이 중요한 이유는 이 관점이 결국 회사의 문화를 만들기 때문이다. 관점과 철학이 정리되지 않으면 각 케이스별로 대응하게 되고 일관성이 사라지게 된다.

그러면 어떤 관점이 필요할까? 나는 6가지의 관점을 제시하고 싶다. 그러나 분명한 것은 내가 제시하는 관점이 반드시 최상은 아니라는 것이다. 아래의 관점은 내가 경험하고 생각하기에 최선의 관점일 뿐이다.

나는 리더십 세션을 진행할 때 이런 질문을 던진다. "직원들이 어떨 때 가치가 있다고 느끼시나요?" 많은 사람이 이렇게 답한다. "일을 잘할 때요." "나를 공감해줄 때요." "솔선수범할 때요." "최고의 성과를 낼 때요."

그러면 나는 이렇게 말한다. "다양한 의견이 나왔습니다. 우리는 대개 사람의 가치를 '조건'에 의해 결정합니다. 하지만 사실 이런 조건 이전에 사람은 그 존재만으로도 충분히 가치가 있습니다. 우리는 그 사실을 종종 잊어버립니다."

우리가 구성원을 '일을 잘할 때 가치있는 사람'이라고 생각한다는 것은 뒤집어 말하면 일을 못할 때는 가치 없는 사람이 되는 것이다. 이렇게 보기 시작하면 우리는 구성원을 항상 '평가'의 눈으로 보게 된다. 사람은 상대가 어떤 관점으로 자신을 보고 있는지 느끼게 된다. 조직의 리더가 항상 자기를 '평가'의 관점으로 바라보고, 리더의 뜻에 맞지 않을 경우 언제든 가치없는 존재로 여길 수 있다는 것을 느낀다면 그들은 어떻게 행동할까?

결국 파워풀한 팀을 만들기 위한 첫 번째 비결은 구성원을 한 사람의 인간으로 대하는 것이다. 그들이 일을 잘하는가 못하는가, 리더의 가치에 맞는가 안 맞는가에 앞서 하나의 인간으로 존중하는 것이다. 인간으로서 가치가 있다는 것을 인정하는 것이다. 우리는 이를 '진정성'이라는 단어로도 표현할 수 있다.

이렇게 이야기하면 이런 답을 하는 분들이 있다. "아니 사람을 사람으로 대하지 동물로 대하나요?" 그러나 곰곰이 생각해보자. 리더들은 직원을 어떻게 대하는가? 대부분 회사의 목적, 자신의 목적을 이루는 수단으로 대하고 있다. 이러한 관점으로 대하면서 한쪽에서는 리더십 기법을 배워 적용하려 한다. 부드럽게 말하는 법, 칭찬하는 법, 피드백 하는 법 등. 그러나 상대를 진정한 존재로 대하지 않으면서 부드럽고 칭찬만 잘한다고 해서 통하는 것은 아니다. 잠시 통할 수 있지만 오래가기는 어렵다.

그러면 이런 질문을 하는 사람도 있다. "그렇게 대하면 구성원에게 항상 좋은 말만 해야 한다는 것 아닌가요? 일을 못하는데도 그냥 인내하라는 말씀인가요?"

부모와 자녀 사이를 생각해보라. 부모가 자녀를 어떻게 보는가? 공부를 잘하면 가치있고 공부를 못하면 가치없는 존재로 여기는가? 아마 그럴 부모는 거의 없을 것이다. 자녀가 공부를 잘하든 못하든 머리가 좋든 나쁘든 존재 자체로서 인정할 것이다. 이것이 인간을 인간으로 대하는 것이다. 그렇다고 해서 부모는 자녀를 혼내지 않는가? 부모는 자녀를 혼내고 자녀가 울기도 한다. 그러나 이후 다시 자녀는 부모에게 온다. 자녀도 부모의 진정성을 감지하기 때문이다.

구성원도 마찬가지이다. 칭찬만 한다고 리더를 좋아하는 것은 아니다. 진정성이 있다면 솔직한 피드백을 할 수도 있다. 사람은 고래가 아니다. 칭찬만으로 움직이지 않는다.

이런 질문도 있다. "너무 진정으로 대하면 능력도 없고 우리 회사에 안 맞는 직원조차도 감싸야 하고 헤어지지도 못하는 것 아닌가요?"

사람들이 헤어지는 이유는 누군가 나쁜 사람이 있어서 그렇다기보다는 대체로 서로가 맞지 않기 때문이다. 상대와 헤어진다는 것은 서로를 인간으로 대한다는 것과 관계가 없다. 같이 있어도 서로를 존중하지 않을 수 있고, 헤어져도 서로를 존중할 수 있다.

25장

구성원을 바라보는 관점 2
사람은 선하지도 악하지도 않다

얼마 전 한 벤처창업자가 지난 해에 아주 힘든 일을 겪었던 경험을 내게 털어놓았다.

"믿었던 몇 명의 팀원들이 동시에 같이 퇴사하면서 우리가 하고 있는 서비스를 흉내 내 비즈니스를 했습니다. 사람에 대한 신뢰 자체가 흔들려 아주 마음 고생을 많이 했습니다. 그때 부사장님께서 말씀하신 '성약^{性惡}설'을 떠올리며 마음을 잡았습니다."

그의 고통을 이해할 수 있었다. 그 창업자는 매우 유쾌하며 구성원을 사랑하고 베푸는 스타일이었다. 내게 구성원이 잘 뭉치고 열심히 해서 신이 난다는 말을 몇 차례 했다. 구성원을 다 부자로 만들어주겠다는 다짐도 했고 자신의 리더십을 키우기 위해 열심히 공부했다. 회사의 성장도 매우 가팔랐다. 그런 상황에서 믿었던 이들에게 배신을 당했으니 엄청난 충격을 받을 수밖에 없다.

많은 벤처 CEO를 만나면서 발견한 점이 있다. 구성원을 중심으로 하고 신뢰하고 베푸는 회사의 퇴사율은 분명히 낮고 팀워크가 좋다. 그러나 그런 회사도 여전히 핵심인력이 갑자기 나간다든지, 또는 사업을 들고 나가서 카피한다든지, 경쟁사로 단체로 이직한다든지, 믿었던 누군가가 돈을 빼돌린다든지 등의 일이 발생한다. 즉, 대표가 좋은 뜻을 가진다고 해서 이런 사태 자체를 없앨 수는 없다는 것이다.

대개 CEO들은 초기에는 '성선설'에 근거하여 모든 직원은 선하니 덕으로 대하면 다 잘될 것이라 여겨 직원들을 진심으로 잘해준다. 넷플릭스의 기업 운영이나 전략에 관련된 책을 탐독하고 직원들과 같이 성공하는 회사를 꿈꾼다. 그러나 이런 상황을 두어 번 경험하면 기존 철학에 의구심을 갖게 되고 이에 '성악설' 쪽으로 가치관을 바꾼다. 모든 직원들은 기본적으로 자기의 이익만 추구하고 못 믿을 인간이라 여긴다. 따라서 정을 줄 필요가 없고 돈을 기반으로 주고받는 관계로 한정하며 의심하고 통제를 강화한다. 안타깝게도 선한 의도를 가지고 출발한 창업자들 중 많은 분들이 마음을 바꾼다. 그러면 용병이 모인 것 같은 조직이 되거나 리더들을 키우지 못한다. 그러면 도대체 인간을 어떻게 바라봐야 할까?

일본의 대표적인 경영학자 이타미 히로유키는 《경영자가 된다는 것》이라는 책에서 '성약性弱설'이라는 용어를 사용하며 이렇게 말했다.

"인간은 기본적으로 가치 있고 존중받아야 한다. 그러나 본성은 악하지도 선하지도 않다. '약弱' 할 뿐이다. 환경에 따라 악해질 수도 선해질 수도 있다. 약하기에 실수도 하고 유혹에도 흔들린다. 자신의 이익에 따라 이리저리 움직이기도 한다. 그러므로 사람은 신뢰하되 일은 신뢰하지 말라. 인격은 신뢰하되 약함으로 발생하는 문제를 대응하기 위한 시스템이 필요하다. '덕'과 '규율' 두 가지를 적절하게 활용해야 한다."

결국 리더에게는 다음의 관점이 필요하다.

하나, 예외나 예기치 못한 사건들은 발생한다. 살다 보면 마음 상하고 배신도 경험하게 된다. 선한 뜻을 가지고 행동하면 이런 일이 발생할 확률은 낮겠지만 그렇다고 없어지는 것은 아니다. 이것을 당연하다고 받아들인다. 자신을 탓할 필요가 없다. 당신의 잘못이 아니다.

둘, 사람이 악해서 그런다기보다는 약弱해서 그런 것이다. 이에 사람 자체에 대한 신뢰를 거둘 필요는 없다. 사람을 신뢰한다는 것은 그 사람이 완벽하다는 것을 의미하는 것이 아니다. 이에 여전히 신뢰와 감사의 태도를 유지한다.

셋, 사람은 신뢰하되 그가 실수하고 예측 못한 행동을 할 수 있음을 가정한다. 이러한 약함으로 인한 리스크를 예방하고 대응하기 위해 덕과 규율 두 가지에 균형을 두고 회사의 시스템을 굳건히 한다.

넷, 정말 악의적으로 배신하는 사람이 있을 수 있다. 이 경우는 팃포탯 전략(tit for tat, 반복게임에서 경기자가 이전 게임에서 상대가 한 행동을 이번 게임에서 그대로 따라 하는 전략)을 기반으로 하라.

1) 기본적으로는 먼저 베풀고 협력한다.
2) 상대가 협력하면 자신도 협력하여 윈-윈 관계를 만든다.
3) 상대가 배반하면 자신도 배반(또는 응징)한다.
4) 상대가 다시 협력하면 흔쾌히 용서하고 협력한다.

즉, 먼저 베풀고 협력하지만 신뢰를 배신하는 이, 썩은 사과 같은 이에 대해서는 강력하게 응징한다는 것이다. 이렇게 하면 응징이 많아질까? 흥미롭게도 그렇지 않다. 현실에서는 실제 응징을 별로 하지 않게 된다. 마치 핵무기를 가지고 있으면 핵전쟁을 피할 수 있는 것처럼, 당신이 그러하다는 것을 알면 이용해보려던 사람

들도 함부로 이용하려 하지 못하기 때문이다. 그러면 베풀고 협력
하면서 살아도 대체로 큰 문제가 없게 된다.

26장

구성원을 바라보는 관점 3
사람은 자신이 이득이 되는
방향으로 움직인다

영국은 호주를 정복한 후 호주에 인력을 보내려 했지만 가려는 영국인이 많지 않았다. 이에 죄수들을 보냈다. 자유를 조건으로 죄수들을 보내어 호주를 개척하도록 한 것이다. 그런데 배를 타고 가는 도중 많은 죄수들이 죽었다. 호송인원 4,082명 중 498명이 죽었고 한 번은 424명 중 158명이나 죽었다. 아무리 죄수라도 가혹하다는 비난 여론이 들끓었다.

왜 이런 문제가 발생했는지 이유를 분석해보니 많은 죄수들이 배 안에서 굶거나 병들어 죽은 것이었다. 이에 정부는 충분한 식량과 약품을 지원했지만 역시 죽는 사람의 비율은 줄어들지 않았다. 진상을 파악해보니 선장들이 죄수들에게 돌아갈 식량과 약품을 빼돌려 파는 것이었다. 선장 입장에서는 죄수가 죽을수록 자신의 이득을 더 챙길 수 있었기에 죄수의 죽음을 방치하였다. 이에 정부는 신앙심이 높은 선장을 배치해보았다. 그러나 결과는 별 차이가 없었다. 인권감시관을 두어도 유사했다.

마침내 영국정부는 기발한 아이디어를 냈다. 그것은 선장의 보수 조건을 바꾸는 것이었다. 선장의 보수를 출항 시 죄수 숫자가 아닌 호주에 도착하는 살아있는 죄수 숫자로 계산하기로 했다. 결과는 어떠했을까? 놀랍게도 422명 호송자 중 사망자는 단 한 명뿐이었다. 선장은 자기 보수를 더 많이 받기 위해 죄수들이 죽지 않게 최선을 다했다.

우리는 문제해결을 할 때 자꾸 인간의 '선의'에 기대를 한다. 그러나 불행히도 이러한 기대는 별 효과를 거두지 못한다. 한국에서는 학생들이 커닝을 하는 경우가 종종 있지만 똑같은 학생이 미국에 가면 하지 않는다. 이유가 뭘까? 한국에서는 커닝을 해도 봐주는 경우가 있지만 미국에서는 퇴학을 당한다. 미국에 가면 더 도덕적이 된다거나, 서양인이 동양인보다 더 도덕적이어서도 아니다. 강력한 처벌 시스템이 있기 때문이다.

왜 많은 리더가 행복과 창의 경영을 도입하지 않을까? 왜 중장기적 고객 중심의 경영을 하지 않을까? 이들이 바보라서 그럴

까? 그렇지 않다. 그들은 매우 똑똑한 사람들이다. 예를 들어, 행복경영이 당장의 매출에 기여한다는 게 확실하다면 이를 실행하지 않을 리더는 없을 것이다. 그런데 만일 당신이 오너로부터 매년 매출과 이익 두 가지로만 평가받고, 이에 따라 그해 퇴임할 수도 또는 거액의 보너스를 받을 수도 있는 경영자라면 어떻게 행동할까?

왜 많은 조직들이 실패를 두려워하고 유연하고 창의적으로 행동하지 않을까? 비효율적인 절차대로만 할까? 실수나 실패만 생기면 용서하기보다는 처벌하고, 실패를 하거나 문제가 조금이라도 생기면 감사가 들어와서 절차적 정당성을 따지며, 그것에 조금이라도 위반되면 비난을 받거나 징계를 받거나 법정에 갈지도 모르는 환경이라면 당신 또한 그렇게 행동할 수밖에 없을 것이다.

한 CEO는 내게 이런 말을 한다. "임직원이 알아서 선제적으로 일하고 솔선수범하며 서로 도우면 좋을 텐데 제 맘 같지 않네요. 다 이기적이기만 하고요. 자신의 것만 챙길 생각을 하지 회사 전체를 생각하지 않아요. 성품이 좋은 직원을 뽑아야 하는 걸까요?"

이처럼 많은 분들이 사람들은 탐욕적이며 자신만 위한다고 실망한다. 인격이나 선의를 가진 사람이 많아져야 세상 문제를 해결할 수 있으리라 생각한다. 그러나 **사람은 대개 특별히 선하지도**

특별히 악하지도 않다. 그저 자신에게 가장 이득이 되는 방향을 선택한다. 사람은 누구나 이기적이다. 그것이 잘못된 것이 아니다. 당연한 것이다. 이기심은 중립적이다. 그것을 선한 방향으로도 악한 방향으로도 이끌 수 있다. 그것이 바로 리더의 역할이요 시스템의 힘이다.

그러므로 리더는 사람의 행동에 대한 관점을 바꾸어야 한다. 개인의 인격, 충성을 기대하고 이루어지지 않을 경우 실망하면 지속가능한 경영을 하기 어렵다.

기업이든 국가든 경영을 잘하는 리더는 개인의 이기심을 자연스럽게 조직의 목표나 선한 방향으로 유도하는 정책, 인센티브 시스템을 효과적으로 설계하여 실행한다. 이때 시스템이란 꼭 물질적인 것만을 의미하지는 않는다. 물론 말처럼 쉽지는 않기 때문에 다양한 실험과 벤치마킹을 통해 최적의 정책과 시스템을 설계하고 실행할 필요가 있다.

27장

구성원을 바라보는 관점 4
사람은 물질적 이득만으로
움직이지 않는다

앞에서 나는 "사람은 자신에 이득이 되는 방향으로 움직인다."는 원리를 말했다. 그런데 이 원리를 읽고 많은 리더들은 그 '이득'이란 금전적인 이득만을 의미한다고 오해한다. 그러나 여기에서 이득이란 포괄적이다. 종교를 한번 생각해보자. 나는 세상에서 제일 강한 조직은 종교 조직이라고 생각한다. 종교 조직의 구성원은 돈을 받지 않는다. 오히려 돈을 내면서도 시간과 노력을 투입하여 열심히 활동한다.

신기한 일이 아닐 수 없다. 우리는 돈이 사람을 움직일 것 같은데, 종교를 가진 사람은 돈을 내면서 많은 봉사를 한다. 심지어 죽음을 무릅쓰고 선교를 하러 먼 나라에 가기도 한다. 그러면서도 종교는 지금까지 2,000년이 넘게 생존해왔다. 그 이유는 무엇일까? 종교는 살아가는 목적과 삶의 의미를 주고, 또 좋은 사람들과의 좋은 관계를 준다. 이런 부분들이 사람들을 움직이게 하는 것이다. 정신적·영적인 영역도 경제적인 영역만큼이나 인간에게 큰 이득을 줄 수 있다.

나는 매슬로Maslow의 욕구 단계 피라미드가 부처님의 손바닥 같다고 생각한다. 사실 인간을 움직이는 모든 요소는 매슬로의 피라미드 안에 있다. 인간은 당연히 생존의 욕구에 의해 움직인다. 더 잘 먹고 더 편히 살기 위해서 회사에서 일한다. 이 단계에서는 금전적인 보상 외에는 다른 동기요소가 없을지도 모른다. 그러나 기본적인 생존욕구와 안전이 채워지면 사람들은 더 높은 동기를 갈망한다. 관계의 욕구, 인정의 욕구, 자아실현의 욕구들이 있다.

흥미롭게도 특히 스타트업 대표들은 인간의 심리에 대해 별로 관심이 없다. 자신은 원래 똑똑하고 열정이 가득하기에 다른 사람들 또한 그렇게 행동해야 한다는 생각을 가지고 있다. 또는 극단적으로 사람은 돈으로 움직이는 것이지 다른 것은 다 공자님 말씀이라고 폄하하는 분들도 있다. 대개 시간이 한참 지나서 깨닫게 된다.

사람들을 가장 쉽게 움직일 수 있는 방법은 무엇일까? '압박감'이다. 잘하면 보상하고 못하면 처벌하는 경제적인 압박감 또는 평가를 통해 못할 경우 실망이나 수치심을 불러일으키는 심리적 압박감이다. 그러나 인간은 단순한 당근과 채찍에 움직이는 돌고래나 노예가 아니다. 이러한 압박감은 특정 행동을 유발시킬 수는 있지만 자발적인 행동을 지속시키기 어렵다. 사람은 돈에 길들여지면 돈이 개입되지 않는 일은 절대 자발적으로 수행하지 않는다.

행동경제학 연구에 의하면 압박감이 크다고 자발성과 열망이 생기는 것은 아니다. 당연히 적절한 보상과 처벌은 사람들을 움직이게 한다. 그러나 보상에 연연하면 사람들은 압박과 스트레스로 인해 오히려 뛰어난 성과를 내기 어렵다. 또한 보상을 잃었을 때 상실감이 매우 커지게 된다. 눈앞의 보상을 위해 사기, 편법 등을 사용할 위험도 높아진다. 보상을 잘못 사용하면 보상받는 일만 하거나 태업으로 연결될 수 있고 헌신이 어렵다. 1등에게만 상을 주면 노력한 2등은 소외된다.

그러면 구성원을 자발적이고 즐겁게 일하게 하는 비결은 무엇일까? 이미 많은 심리 연구에 의해 그 비결이 밝혀졌다. 핵심적인 6가지를 요약해보면 다음과 같다.

첫 번째, 목적과 의미이다. 왜 많은 똑똑한 사람들이 보수나 대우가 훌륭하지도 않은 일을 할까? 심지어 자신의 재산을 털어가면서 헌신하기도 할까? 그것은 목적과 의미 때문이다. 구성원이 왜 이 회사에서 일을 해야 하는지, 그 일로 어떤 공헌을 하는지, 자신의 일이 어떤 의미를 갖는지에 대해 자각하게 하는 것은 파워풀한 조직을 만드는 데 있어서 필수 요소이다.

두 번째, 자율이다. 나도 과거 대부분의 회사에서 심지어 나의 지분이 하나도 없는 회사에서도 미친듯이 일했다. 왜 그랬을까? 나는 젊은 나이부터 리더 생활을 했다. 그래서 늘 스스로 판단하고 스스로 결정하고 스스로 책임져왔다. 누군가에게 통제를 받거나 지시를 받은 경우가 별로 없었다. 그 자율이 나를 미친 듯이 일하게 한 요소였다. 적절한 지시나 명령은 필요하다. 그러나 이것이 지나치게 되면 일에서 즐거움을 잃게 된다.

인간은 과도한 통제를 좋아하지 않는다. 스스로 판단하고 결정하고 싶어한다. 물론 이에 대한 부담을 느끼는 경우도 있지만 리더가 그가 스스로 더 판단하고 활동할 수 있도록 지원해주면 그의 자율성은 더 높아가고 그의 역량 또한 더 증가한다.

세 번째, 성장과 숙련이다. 사람들은 자신이 자라고 성장하는 데서 즐거움을 느낀다. 지금은 미약하고 대우가 낮더라도 배우고 발전하고 성장한다면 사람들은 최선을 다할 수 있다.

네 번째, 관계이다. 물론 사람마다 관계에 대한 예민함이 다르다. 어떤 사람들은 오프라인으로 끈끈하게 연결되고 싶어하지 않는다. 그럼에도 불구하고 모든 인간은 관계에 대한 갈망이 있다. **훌륭한 동료가 최고의 복지가 된다는 말이 있다.** 많은 사람들은 주위에 훌륭하고 가치에 맞는 동료가 있기에 자신의 회사를 사랑하는 경우가 많다. 회사를 떠나는 이유는 다양하지만 상사와의 관계가 좋지 않아 떠나는 경우가 적지 않다

다섯 번째, 인정이다. **자신이 성취한 것에 대해 인정받기를 원한다.** 그것이 직위일 수도 있고 명예일 수도 있고 권한일 수도 있다. 동료들의 인정일 수도 있다. 인정을 통해 자신의 존재 가치를 확인한다.

마지막으로, 공동체에 대한 기여와 공헌이다. 인간은 원시시대부터 부족의 일원으로 살아왔다. 부족에서 이타심을 발휘하고 공헌하는 자만이 생존하고 인정받아왔다. 이에 누구든 공동체 기여에 대한 욕구가 있다. 물질적 보상이 아니더라도 목표와 환경을 만들어주면 자율적으로 공헌하고 기여하고자 한다.

이 여섯 가지 외에도 사람들을 움직이는 요소들은 있다. 그러나 이 여섯 가지가 핵심이라고 해도 과언이 아니다.

파워풀한 조직을 만들고 싶은가? 그렇다면 다음과 같은 질문에 답하며 하나씩 개선해 나가라.

1) 어떻게 구성원에게 자신이 하는 일에 의미와 목적을 깨닫게 할 수 있을까?
2) 어떻게 구성원이 더 자율적으로 자신이 운전대에서 운전할 수 있도록 도울 수 있을까?
3) 어떻게 구성원이 일에서 더 성장할 수 있도록 도울 수 있을까?
4) 어떻게 구성원이 회사 내에서 서로 돕고 서로 존중하고 신뢰하도록 할 수 있을까?
5) 어떻게 구성원이 자신들이 이루어낸 일을 인정받고 권한을 확대할 수 있도록 도울 수 있을까?
6) 어떻게 구성원들이 공동체에 기여하고 공헌할 수 있도록 도울 수 있을까?

이를 숙제나 짐으로 받아들일 이유는 없다. 이를 리더로서 의미 있는 성장의 과정으로 받아들인다면 훨씬 즐거운 마음으로 접근할 수 있을 것이다.

28장

구성원을 바라보는 관점 5
사람은 리더가 어떻게 보는가에
따라 달라진다

"어떻게 하면 직원들을 유능하게 만들 수 있나요?" 어느 리더가 내게 이렇게 질문했다. 나는 "유능하게 만드는 법은 잘 모르겠지만 유능한 직원조차도 무능하게 만드는 법은 잘 알고 있습니다."라고 대답했다. 사실 이미 많은 리더들은 이 신비한 능력을 체득하여 부지불식간 실행하면서 여러 유능한 직원들을 무능하게 만들고 있다.

그러면 어떻게 유능한 직원을 한 순간에 무능하게 만들 수 있을까? 리더십 분야의 석학인 장 프랑수아 만조니Jean-Francois Manzoni 프랑스 인시아드INSEAD대학 교수는 유능한 직원을 무능하게 만드는 5가지 단계를 말한다.

1단계: 먼저, 상사가 유능한 직원의 능력을 의심하기 시작한다. 그렇게 되면 어떻게 행동할까? 점점 직원의 업무에 대한 감독을 강화하게 된다.

2단계: 그러면 직원의 자존심과 업무의욕은 점점 감퇴하게 된다. 그리고 그는 상사를 조금씩 불편하게 대하게 된다.

3단계: 그러면 상사는 이 모습을 보고 더 의심하게 된다. 이에 더욱 감독을 강화하고 더 간섭하며 더 세부적인 보고를 요청하게 된다.

4단계: 직원은 점점 업무의욕을 잃게 된다. 이에 업무의 성과가 제대로 나지 않는다. 그리고 상사를 더 멀리하며 때로 상사에게 반항까지 하게 된다.

5단계: 상사는 자신의 의심이 정확했음을 확신하게 된다. "맞아 그 녀석은 진짜 무능한 거야." 마침내 그 직원은 무능한 직원으로 전락하게 된다.

유능한 직원을 실제로 무능하게 만드는 마법은 단순하다. 그것은 단지 상사가 "저 직원은 무능할지 몰라."라고 의심하거나 "저 직원은 무능한 직원이야."라고 단정하는 것이다. 그러면 이 직원이 어떻게 일을 하든 상사는 그 관점 밖의 것을 보지 못하게 된다. 결국 그 직원은 진짜 무능하게 된다. 이것을 심리학에서는 '확증적 편향' 또는 '자기 예언 충족'이라고 한다. 나도 예전에 비슷한 실패를 경험한 적이 있다. 내 산하에 한 리더가 있었는데 나와 스타일이 달랐다. 어떤 급한 이슈가 생겼는데 자신이 직접 오지 않고 그 산하의 직원을 통해 보고를 했다. 그래서 나는 "저 사람은 솔선수범하지 않는 리더구나."라고 의심하기 시작했다. 이런 말을 직접 하지는 않았지만 그런 생각을 가지고 그를 보니 그의 행동에 계속 짜증이 나게 되었다. 내가 그를 편하게 대하지 않으니까 그도 나를 더 피하는 것 같았다.

그러다 보니 그는 점점 더 직접 보고하기보다 다른 사람을 통해 보고를 하게 되었고, '나는 그 사람이 더 솔선수범하지 않는다'라는 생각을 강화하게 되었다. 결국 이러한 상황이 자꾸 벌어지면서 나와 그의 사이가 멀어지게 되었다. 정말 그가 솔선수범하지 않는 사람이 되어버린 것이다.

반대의 경우도 있었다. 예전에 내가 임원으로 직장생활을 할 때, 한 팀장이 퇴사 면담을 요청했다. 내가 "왜 퇴사하려고 하냐?"라고 질문했더니 처음에는 자기가 뜻한 바가 있다고 했다. 그런데 내가 몇 차례 묻다 보니 이렇게 답하는 것이 아닌가? "본부장님, 왜 저를 무시하시고 싫어하세요?"

내가 깜짝 놀라서 무슨 말이냐고 했더니 그 팀장이 이런 말을 했다. 2년 전 사무실 복도에서 내게 인사를 했는데 받아주지 않았다는 것이다. 그래서 내가 자신을 무시하는 거라고 생각했다고 한다. 그러고 나서 미팅을 하는데 다른 팀장들에게는 의견을 물어보면서 자기에게는 물어보지 않았다는 것이다. 본부장님이 자기를 무시한다는 확신이 들었단다. 그 이후 내가 이야기를 할 때마다 자신을 무시하는 느낌을 받아서 결국 퇴사까지 결심했다는 것이다.

나는 몇 년 전 그의 인사를 받아주지 않았던 기억조차 나지 않았다. 그리고 그 팀장에게 물어보지 않은 것은 시간이 없어서였다. 그런데 그는 그 이후로 나의 모든 행동을 "본부장은 나를 무시하고 싫어해."라는 인식으로 바라보게 되고 나를 피하게 되면서 결국 멀어지게 된 것이다. 자신이 상대에 대해서 어떤 인식을 갖는지가 상대와 자신 사이의 관계를 결정하게 된다. 특히 초기 인식이 '의심'이 되면 이후 점점 커져 '불신'으로 변화될 위험이 크다. 이에 멀쩡한 직원도 망가뜨리거나 나쁜 사이로 만들 수 있다.

많은 경우 리더는 구성원의 한두 가지 행동을 보고 그 사람을 단정하는 경향이 있다. 직원이 어쩌다가 지각을 하게 되면, "지각을 한 이유가 뭐지?"라고 질문하기보다는 "저 직원은 게으르구나."라고 단정하는 것이다. 사실 그가 피치 못할 상황으로 지각을 한 것일 수도 있다. 전날 회사 일로 인해 밤을 새웠을 수도 있다. 그런데 지각을 했다는 사실만 가지고 "저 직원은 게으르구나."라고 단정하는 순간 악순환의 사이클에 빠져들게 되는 것이다. 이제 그 시각으로 그 직원을 보면 어떤 현상이 벌어질까? 그가 만일 보고서를 제 기한에 제출하지 않으면 "저 직원은 게으르구나."라는 편견이 더 강화될 것이다.

"저 직원은 게으르구나."라는 편견을 갖고 그 직원을 보면 어떨까? 상대 직원은 무슨 영문인지는 정확하게 모르겠지만 상사가 자신을 싫어한다는 것을 느낄 것이다. 그러면 그는 자신감이 떨어지고 점점 더 상사를 멀리하게 된다. 그것이 반복되면 그 직원은 정말 '게으른 사람'으로 전락할 수 있는 것이다.

따라서 무능한 직원을 만드는 것은 그가 정말 무능한 경우도 있겠지만 리더의 책임일 수도 있다는 것이다. 리더가 한두 가지 사건으로 일반화해서 직원을 무능하게 보고, 게으르게 보고, 나쁘게 봐서 결국 구성원을 그렇게 만드는 것이다.

이제 반대의 경우를 생각해보자. 어떻게 하면 직원을 유능하게 만들 수 있을까? 5단계로 나누어 살펴보자.

1단계: 상사가 직원의 능력과 성장 가능성을 믿어주는 것이다. "이 직원은 능력이 뛰어나." 또는 객관적으로도 경험과 능력이 아직 조금 부족한 직원이라면 "이 직원은 현재 경험은 부족하지만 성장 잠재력은 높아."라고 여기는 것이다. 그리고 사사건건 간섭하지 않고, 대신 막히거나 더 발전이 필요한 부분은 지원하고 코칭을 해주면 된다.

2단계: 직원의 자존심과 업무 의욕은 점점 상승한다. 그는 상사를 지원자나 코치로 친근하게 여기게 된다.

3단계: 상사는 이 모습을 보면 이 직원이 더 유능하다고 확신하게 된다. 이에 더 인정해주고 코칭해주게 될 것이다.

4단계: 이 직원은 점점 업무의욕이 상승된다. 성과도 나오기 시작한다. 상사를 존경하며 신뢰를 보내게 된다.

5단계: 상사는 자신의 생각이 정확했음을 확신하게 된다. "맞아 이 친구는 정말 성장가능성이 있었어. 내가 사람의 잠재력을 잘 보는 사람이라니까." 이에 그 직원은 유능한 직원으로 바뀐다.

물론 유능해지기 위해는 다른 요소들도 필요하다. 그럼에도 불구하고 위의 관점은 직원을 유능하게 만드는 핵심 중 하나임에 틀림없다.

나 또한 유사한 경험이 있었다. 회사를 이동하면서 보니 한 직원이 있었다. 내가 보니 전문성도 있고 유능했다. 그런데 다른 구성원은 그를 그리 좋아하는 것 같지 않았다. 같이 일을 해보니 매우 거칠었다. 자신의 주장을 내세우고 자신의 주장과 다른 직원들은 면전에서 비판하고 강하게 대했다. 다른 직원들에게 물어보니 "그는 너무 자기 주장이 강해서 앞으로 승진하기도 어렵습니다."라고 말했다.

나도 그를 처음에는 그러한 관점으로 보았지만 이후 생각을 바꾸었다. "그는 잠재력이 충분해. 단지 야생마 같은 인물이야. 잘 길들이면 조직에 큰 도움이 될 거야." 이런 관점으로 그를 바라보며 그의 성과를 인정해주고 격려해주었다. 거친 모습이 나오면 불러서 야단을 치기도 하고 코칭도 해주었다. 그러자 그는 점점 달라졌고, 승진하게 되어 회사에 더 큰 책임과 역할을 하게 되었다.

한 리더가 나를 찾아와서 이렇게 말했다. "요즘 신세대들은 정말 이기적이고 무책임합니다. 일을 끝내지도 않고 퇴근하고요." 이에 나는 반문했다. "우리는 우리 관점과 경험으로 그들을 판단하는 것이죠. 그런데 그들이 잘하는 것은 무엇이죠?" 그랬더니 "그래도 다양한 툴Tool과 소프트웨어SW를 가지고 일을 매우 빠르게 해내더라고요. 영어도 다들 잘하고요. 잠재력도 있는 것 같고요." "그럼 한번 그런 관점으로 그들을 바라보시면 어떨까요?"라고 코칭했다.

한 달쯤 지나서 그 리더가 다시 나를 찾아왔다. "말씀하신 대로 그들이 잠재성이 있고 일을 매우 효율적으로 할 수 있다는 관점으로 보니 이해가 되고 어떻게 대해야 할지 알 수 있을 것 같습니다. 사실 저도 젊었을 때를 돌이켜보면 일에 빠져 살고 싶지는 않았거든요. 오히려 요즘 친구들이 스마트하게 일하는 것 같아요."

구성원이 완벽해서 이렇게 보는 것이 아니다. 때로 실수도 할 수도 있지만 그들이 큰 잠재성이 있다고 바라보는 것이다. 다시 정리하자면 리더의 관점에 따라 직원을 무능하게 또는 유능하게 만들 수 있다는 것이다. 그러므로 **구성원을 유능하게 만들거나 무능하게 만드는 것은 바로 리더의 관점과 인식에 달려 있다.**

29장

구성원을 바라보는 관점 6
회사는 가족이 아니다

앞에서 이야기한 "구성원을 인간으로 대하라." "목적, 자율, 성장, 관계, 인정 등이 있어야 파워풀한 조직이 만들어진다." 등의 메시지를 보면 조직을 '가족'과 같이 대할 때 가장 파워가 증가하는 것이 아닌가라는 생각을 할 수 있다.

사실 가족과 같은 문화는 서로를 돌보며 소속감, 존중, 충성을 기르는 데 매우 효과적이다. 많은 국내 전통적인 기업의 모습은 '가족＋군대' 형태였다. '관계'를 중시하는 동양적 전통과 개인의 능력보다는 위계로 움직이는 제조 산업의 특징이 결합되었다. 한 회사에 입사하면 이직도 거의 없었다. 또한 실력은 나이와 거의 비례했다. 이에 연장자들이 존경을 받았고 더 높은 직위에 오르는 것이 당연하게 받아들여졌다. 신입사원들은 아이 취급을 받아도 큰 저항이 없었다.

이에 '관계+계층적' 리더십 즉, 형님리더십 같은 모습이 잘 통했다. 같이 밥 먹고 술 마시며 위계가 분명하고 끌어주고 밀어주는 형태의 리더십과 지시-보고 형태의 수직적 업무방식이 잘 통했다. 그동안의 사회구조나 사업구조에서는 이런 방식이 최적이었을 수 있다.

그런데 최근 사회구조는 새로운 방향으로 급속히 변화하고 있다. 퍼포스Purpose의 공동창립자이자 CEO인 제러미 하이먼즈Jeremy Heimans는 《뉴파워: 새로운 권력의 탄생》이라는 저서에서 초연결 사회에서 과거에는 거대한 관료집단과 거대 기업으로 구성된 사회에서 보통 사람들은 표준화되고 사소한 역할을 했다면, 이제 대중들의 힘이 강해졌음을 역설한다. 이에 따라 폐쇄적, 상명하달, 하향식 가치가 개방적, 수평적, 상향식 가치로 변하고 있다고 말한다. 이러한 영향은 우리의 기업 현장에도 스며들고 있다. 국내기업 현장에서 나타나고 있는 현상들은 다음과 같다.

1) 평생직장이라는 인식이 사라지고 있으며 조직을 위해서 충성한다는 인식 또한 낮아지고 있다. 자신의 필요에 따라 언제든

이동하기를 원하기에 이직이 증가하기 시작한다. 기업도 디지털 시대에 적합한 새로운 역량의 직원들을 흡수하고자 한다.

2) 기업문화가 인재를 끌어들이고 유지하는 핵심 경쟁력이 되어가고 있다. 젊고 유능한 직원들은 군대식 또는 가족 같은 기업문화보다는 수평적이고 유연한 기업문화를 선호한다.

3) 과거 이동의 대안이 거의 없었던 국내 일류 대기업들의 인재들 또한 이동하고 있다. 디지털 트랜스포메이션의 영향으로 산업 간, 업종 간 경계가 깨어지면서 선택의 폭이 커졌다. 이에 따라 인력유지에 고민이 크지 않았던 일류 대기업들조차 기업문화의 변혁을 모색할 수밖에 없는 상황이 되고 있다.

4) 디지털화, AI화, SW화로 나이와 실력의 비례관계가 점점 깨지고 있다. 새로운 기술이 계속 등장하면서 오히려 오랜 근무년수가 이점이 되지 않는 현상들이 발생하고 있다. 업종에 따라 편차가 있지만, 특히 기술기반의 업종에서는 근무연수가 더 오래되고 더 나이가 들었다고 해서 더 능력이 있고 더 높은 연봉을 받아야 한다는 공식들이 희미해지고 있다.

5) 자신의 주장이 명확한 젊은 직원들은 아이들 취급 받고 싶어 하지 않고, 형님(또는 언니)이나 아버지(또는 어머니) 같은 리더를 원하지 않는다. 특히 젊은 세대들은 더욱 그러하다. 2020년 구인구직 플랫폼 '사람인'이 기업 451개 사를 대상으로 한 MZ세

대가 원하는 기업문화 조사에 따르면, 워라밸 중시 및 보장 요구(62.1%)가 1위를 차지했다. 다음으로는 조직보다 개인의 이익을 우선(59%)이 뒤따랐고 개인의 개성을 존중 받기 원함(36.4%), 자유롭고 수평적인 문화(24.4%)가 뒤를 이었다.

Z세대인 내 아이와 이에 관해 이야기를 나눈 적이 있다. "너희들은 회식도 싫어하고 일하는 것도 싫어한다면서?" 내가 묻자 아이는 이렇게 답했다. "아니에요. 저도 그렇고 제 주변의 친구들도 다들 일도 좋아하고 잘하고 싶어해요. 술 한잔하는 것도 좋아하고요. 단지 일방적인 명령으로 일을 시키는 방식, 상사 비위 맞춰야 하고 일 이야기하는 회식의 방식이 싫은 거죠. 좀 더 수평적이고 우리의 실력을 발휘할 수 있는 방식을 원하는 거에요. 그런데 우리가 마치 노는 것만 좋아하고 이기적인 것처럼 일반화하는 것 또한 불만이에요."

이제 리더들이 회사를 보는 관점을 변화시킬 필요가 있다. '가족같은 회사'가 아니라면 어떤 형태의 회사가 조금 더 이 시대에 적합할까? 아마도 '프로스포츠팀' 같은 조직이 아닐까? 프로스포츠팀은 미션과 목표가 일치하는 선수들과 리더들의 연합이다. 함께할 때는 팀워크를 극대화하지만 언제든 떠날 수 있다. 개개인의 역할과 책임이 명확하고 철저히 성과 중심이다. 개개인의 동기와 기량 향상은 개인의 몫이다. 리더십의 형태도 달라진다. 개개인을 존중하되 수평적이고 철저히 미션과 일 중심으로 움직이며 코칭하는 투명한 리더십이 요구된다.

프로스포츠팀 관점을 이야기하면 이런 질문이 들어온다. "그것은 너무 삭막한 것 아닙니까? 인간적인 정도 없이 그냥 성과에 따라서 움직인다는 것 아닙니까? 그러면 지금까지 이야기하신 신뢰나 관계 같은 게 무슨 필요가 있습니까? 돈을 주고 일정기간 용병처럼 쓰면 되는 것 아닙니까?"

이것은 오해다. 용병처럼 움직이는 프로스포츠팀은 결코 최고가 되지 못한다. 최고가 되는 프로스포츠팀 내부에는 동료 간의 끈끈한 애정과 신뢰, 리더와 구성원 간의 신뢰와 관계, 인정이 있다. 단지 그것이 영원하지 않다는 것을 서로가 이해하고 있을 뿐이다. 프로스포츠팀은 삭막하기만 한 것이 아니라 따스하게 운영될 수 있고, 그렇게 운영되어야만 최고가 될 수 있다. 가장 큰 차이는 명확한 목표에 의해서 움직이고 성과에 따라 보상받는다는 것이다.

한 벤처 CEO가 내게 이런 어려움을 토로했다. "직원들을 기껏 키워놓았더니 배신하고 더 나은 연봉의 대기업으로 떠났습니다. 원망스럽습니다. 앞으로는 키울 필요가 없나 봅니다." 나는 이렇게 답했다. "그가 회사에 있을 동안 월급 값을 했다면 그것으로 충분합니다." 가족이 아닌 이상 구성원이 나와 계속 함께해야 할 의무가 없다. 자신의 몸값이 더 높은 곳으로 움직이는 것도 당연하다. 단지, 리더들은 그가 회사에 있을 동안 그가 창출하는 가치를 극대화하도록 도움을 주고 이를 통해 회사의 목적을 이룰 수 있다.

물론 기업은 프로스포츠팀과 달리 모든 영역에서 성과를 명확히 측정하기 어렵다는 단점이 있다. 이것이 기업을 프로스포츠팀처럼 운영하기 어려운 이유이다. 그러나 프로스포츠팀 같은 관점으로 조직을 바라보면 다음과 같은 사항을 고려하게 된다.

1) 목적과 아웃풋을 명확히 하고 성과 측정의 체계가 고도화되어야 한다.
2) 사람들이 언제든 움직일 수 있다는 가정하에 조직을 운영해야 한다. 즉, 사람들을 계속적으로 유입할 수 있는 플로우를 만든다.
3) 새로 유입되는 사람들과 유출되는 사람들이 많기에 회사의 기반 시스템을 탄탄하게 해서 업무 연속성이 있게 해야 한다.
4) 리더들은 코치로서 역할을 할 수 있도록 훈련되어야 한다.
5) 구성원은 개개인이 자신의 역량과 동기에 대해 책임져야 하고, 자신의 역할과 책임이 무엇인지 분명하게 이해하도록 해

야 한다.

그럼에도 불구하고 정과 따스함을 소중히 여기는 한국 정서를 고려한다면, 한국에서 파워풀한 성과를 내기 위한 조직은 단순한 프로축구팀 모델은 아닐 것이다. 여기에 한국의 장점인 '따뜻한 정'과 '신바람'을 융합하는 것이 더 적합하지 않을까 싶다. 특히 가족복지에 대한 관심과 지원은 구성원들의 사기에 큰 영향을 미친다는 연구결과가 있다. 어떤 문화를 만들 것인가? 여기에는 정답이 없고 절대 옳은 것도 없다. 업종과 경쟁환경에 따라 다르다. 자칫 급격한 전환은 혼란을 가져올 위험이 있다. 결국, 기업의 업종, 가치, 경쟁환경을 고려하여 자신의 기업에 최적화된 모델을 정립하는 것이 필요하다.

30장

로열티는 어떻게 생길까?

최근 경영자들과 이야기를 나눠보면 대기업이든 벤처든 이구동성으로 구성원의 '로열티'가 떨어지는 현상을 염려한다. 어떻게 로열티를 향상할 수 있을까? 어느 날 책을 읽다가 가슴에 와닿는 문구를 발견했다. "로열티는 '관계의 질'과 관련이 있다." 물론 회사에 대한 로열티는 회사의 미션, 비전, 성장성, 문화, 보상 등이 큰 영향을 미친다. 그러나 여전히 내부 구성원, 특히 리더인 상사와의 관계가 회사에 대한 로열티를 좌우하는 핵심요소임을 기억해야 한다.

로열티라는 것은 돈만 많이 준다고 생기는 게 아니다. 이에 로열티는 '채찍과 당근(보상)'만으로 불가능하며 '신뢰 있는 관계'를 전제로 한다. 그러면 어떻게 관계의 질을 높일 수 있을까? 자주 소통하는 것이 좋다. 그 외 관심, 약속을 지키는 것, 믿고 맡기는 것, 어려울 때 돕는 것, 상대를 존중하는 것, 동고동락하며 쌓아진 끈끈함 등이 관계의 질을 높일 수 있는 요소들이다.

내가 지금까지 존경하고 로열티를 가졌던 상사들의 공통점이 무엇인지 생각해보았다. 공통적으로 주위사람들의 이야기에 흔들리지 않고 나를 전폭적으로 믿어주며 중요한 일을 맡기고 먼저 챙겨주신 분들이다. 인간적인 존중이 있었던 분들이다. 능력도 있지만 관대함도 있는 분들이었다.

내 첫 직장에서의 일이다. 신입사원으로 들어가서 일을 하고 있었는데 고객사의 중요한 시스템의 데이터를 날려버리는 엄청난 실수를 한 적이 있었다. 그 고객사는 설계회사였는데 일본으로 납품하려는 도면을 시스템에 저장하고 있었다. 불행히도 백업이 없었다. 그런데 내가 새로운 저장장치를 추가하려다가 실수로 기존의 시스템을 다 포맷해서 사용할 수 없게끔 한 것이다. 고객은 화를 내고 책임을 묻기 시작했다. 눈앞이 캄캄했다. 이 일로 인해 앞으로 나의 커리어는 망가졌다고 절망하고 있었다.

그때 나의 상사인 과장님은 "괜찮아. 실수도 할 수 있지. 난 자네가 여전히 잘할 것을 믿어."라고 나를 다독여주면서 자신이 고객과 협상을 했고 상사들에게도 혼자 가서 나를 변호해주었다.

나는 너무나 감동했다. 당연히 과장님의 기대에 부응하고자 더욱 열심히 일할 수밖에 없었고 회사에 대한 로열티 또한 높아졌다.

이후 많은 시간이 흐른 뒤 다른 직장에서의 일이다. 나는 한 부서를 책임지고 있는 리더였고 회사가 급속한 성장기에 있어 매우 바빴다. 사장님은 나를 부르기보다 종종 내 자리로 찾아와 옆에서 진행되는 일을 묻고 격려하셨다. 때로는 저녁시간에 와서 "혹시 시간되면 술 한잔 할까?" 하고 식사를 같이 하면서 내 고충을 들어주셨다. 가끔씩 호텔 식사권이나 숙박권을 주시며 사용하라고 하셨다. 나의 복리후생과 대우 등을 주주회사와 이야기하면서 알아서 챙겨주셨다. 나 또한 로열티가 생기지 않을 수 없었다. 이에 지금까지도 가끔씩 찾아뵙고 있다.

물론 로열티가 생기지 않았던 상사들도 간혹 있었다. 그들은 자신의 라인을 만들고 그 라인이 아닌 사람들은 의심했으며 상대를 통제하려 했다. 자신의 심기에 거스르는 말이나 행동을 용납하지 않았다. 어려운 상황이 오면 자신은 빠져나가고 구성원에게 책임을 전가하였다. 구성원을 자신의 목적 달성의 수단으로 대한다는 느낌을 받았다. 이런 상사들은 퇴임 후에 후배들이 찾지 않는다. 높은 직위에 있었을 때는 사람들이 아부하고 충성하는 듯한 모습들을 보이지만 그 직위가 사라지면 가까이 하지 않는다.

따라서 로열티라는 것은 상대적이다. 어떤 사람은 로열티가 없고 어떤 사람은 있는 게 아니다. 상사나 동료가 그들을 어떻게 대하는가에 따라서 로열티가 생길 수도 있고 사라질 수도 있다. 함께하는 상사나 동료, 팀원들이 그 또는 그녀를 로열티가 없게도 또는 있게도 만들 가능성이 높다는 것이다. 로열티를 잃는 방법은 단순하다. 의심함, 인색함, 상대를 도구로 이용함, 토사구팽, 특정 가신들의 이야기만 귀 기울이고 우대함, 어려울 때 보호하지 않고 책임을 전가함 등이다.

단 주의할 것은 로열티의 초점은 리더 개인에 맞추어져서는 안 된다. 리더가 구성원과의 질 좋은 관계를 맺는 것은 하나의 마음으로 조직의 목표를 이루고자 함이다. 즉, 리더에 대한 로열티가 회사에 대한 로열티로 연결되어야 한다. 간혹 어떤 리더들은 구성원과 좋은 관계를 맺지만 자기에 대한 로열티에 초점을 맞춘다. 이는 라인이나 파벌을 만드는 것밖에 되지 않고 조직에 해가 된다.

리더가 유능하고 똑똑하다고 구성원의 로열티가 생기는 것은 아니다. 구성원의 회사에 대한 로열티를 높이려면 관계의 질을 높여라. 더하여 구성원의 로열티가 리더 자신에 대한 로열티가 아닌 회사에 대한 로열티로 연결될 수 있도록 하라. 회사의 방향, 뜻, 목표를 공유하고 이에 헌신하는 모습을 보여라. 그러면 그들은 당신의 기대의 10배 이상을 해낼 것이다.

31장

파워풀한 팀을 위한 실행 1
성향과 가치에 대한 이해

파워풀한 팀은 하루아침에 만들어지지 않는다. 한때 파워풀한 팀이 만들어졌다가도 구성원이나 리더가 바뀌면서 힘이 빠지는 경우들도 있다. 프로스포츠팀을 생각하면 이해할 수 있다. 꾸준히 승리하는 프로스포츠팀도 있지만, 감독이 변경되거나 선수들이 이동하면서 승률이 완전히 바뀌는 경우들도 많다.

　파워풀한 팀을 만들기 위해서는 이 책의 2부에서 제시한 목표 관리가 가장 우선적이다. 또한 앞장에서 이야기한 대로 구성원에 대한 관점의 변화가 필요하다. 그러나 목표가 명확히 가시화되고, 구성원에 대한 관점이 변화되었다고 조직이 저절로 잘 움직이는 것은 아니다. 목표를 설정하고 이들의 마음을 하나로 모으기 위해서는 두 가지가 필요하다. 하나는 개인 하나하나를 이해하는 것, 또 하나는 개인과 개인들을 연결시키는 것이다.

먼저 개인 하나하나를 이해하기 위해서는 어떤 실행이 필요할까? 여기서는 세 가지 효과적인 실행방안을 제시하고자 한다.

첫째, 성향과 가치에 대한 이해
둘째, 인정 및 코칭 대화
셋째, 1:1 대화

1) 성향에 대한 이해

최근 MBTI가 대유행이다. 과학자들은 MBTI에 대해 부정적이다. MBTI는 사실 부정확한 도구임이 분명하다. 자신이 생각하는 자신의 성향과 타인이 생각하는 자신의 성향이 다를 수도 있다. 또한 이분법적인 위험이 있다. 예를 들어 어떤 사람은 I(내향형)성향이 51%이고 E(외향형)성향이 49%인데 반해, 또 한 사람은 I성향이 99%이고 E성향이 1%라고 해보자. 이 둘의 성향은 매우 큰 차이를 보이겠지만 동일하게 I로 평가된다. 이러한 문제가 있음에도 불구하고 나는 MBTI가 개개인의 대략적인 성향을 이해할 수 있다는 점에 대해서 긍정적이다.

나는 이보다도 더 단순하면서도 위의 단점을 해결할 수 있는 도구를 활용한다. 아래의 40개 문항을 읽어보면서 문항별로 자신과 가장 가까운 '한 개'의 단어에만 체크를 한다. 모두 체크를 한 후 각 열별로 체크 개수 합계를 내본다. 4개 열의 체크 갯수의 합은 40이어야 한다. 이때 각 열의 의미는 다음과 같다. A열은 활발형, B열은 주도형, C열은 분석형, D열은 수용형이다. 어느 쪽의 합계가 크고 어느 쪽이 작은지를 보면, 자신이 어느 성향이 강하고 어느 성향이 약한지를 이해할 수 있다. 다른 구성원도 같이 이러한 테스트를 해보면 서로의 성향을 이해할 수 있다.

	A	B	C	D
1	활발함	모험적	분석적	편히 어울림
2	쾌활함	설득력	의지 강함	조용함
3	사교적	자기 의지 강함	자기 희생적	쉽게 순응
4	매력있는	경쟁적임	사려 깊음	감정 억제
5	새로운 생각	뛰어난 능력	남을 존중하는	표현을 삼가는
6	활발함	독자적인	민감함	쉽게 수용함
7	남에게 장려함	적극적	계획하는	참을성이 많은
8	충동적	자신감	체계적	과묵함
9	낙천적	솔직함	질서 정연	자상함
10	익살스러움	주관이 뚜렷	성실함	친절함
11	유쾌함	겁이 없는	세심함	싹싹함
12	쾌활함	확신에 참	점잖음	안정됨

13	격려하고, 기쁨 주는	독립심	이상 추구	유순함
14	표현/스킨쉽 즐김	결단력	몰두함	천연덕스럼
15	쉽게 어울림	의견 제안 잘함	음악 좋아하는	중재자
16	말 많이 함	성취하는	신중함	관대한
17	열정적	책임지는	충성스러운	듣기 잘함
18	무대형	지도력 있는	조직적인	만족 잘함
19	인기 좋음	생산적	완벽 추구	남을 편안케 함
20	활기참	과감함	예의 바름	균형 잡힘
21	뻔뻔스러움	남을 압도	수줍어함	무표정함
22	질서가 없는	냉정함	용서 잘 안함	열정 없음
23	한 말 또 함	주장하고 맞섬	감정이 오래감	마지못해 함
24	잘 잊음	솔직함	까다로운	두려워함
25	끼어들기	참을성 없음	불인정	우유부단함
26	예측 불허	애정 표현 없음	인기 없음	끼어들지 못함
27	되는 대로 하는	완고함	쉽게 만족 못하는	주저함
28	싫어할까봐 맞추는	자존심이 강함	비관적	평범함
29	쉽게 성냄	논쟁을 좋아하는	소외감을 느끼는	목표 없음
30	단순함	자 하는	부정적 태도	감정표현이 없는
31	공치사 잘함	일중독	내향적	근심 많음
32	말 많음	무뚝뚝함	예민함	소심함
33	무질서함	지배적임	낙심 잘함	결단력 약함
34	일관성 없음	관대하지 못함	내성적임	결과에 무관심
35	어지르는	남 이용 잘함	쉽게 우울	불평 잘함
36	과시적	고집 셈	회의적	느림
37	목소리가 큼	주장하는	고독 즐김	게으름

38	침착치 못함	성미 급함	의심 많음	행동 느림
39	쉽게 지겨워함	신중치 못함	복수심 강함	억지로 함
40	변화무쌍	약삭 빠름	비판적	타협적
합계				

예1) 활발형 10, 주도형 20, 분석형 5, 수용형 5

  - 이 직원은 주도적이며 활발한 유형.

예2) 활발형 5, 주도형 5, 분석형 15, 수용형 15

  - 이 직원은 분석적이고 수용적인 유형.

왜 성향에 대한 이해가 필요할까?

첫째, 많은 사람이 성향을 능력과 일치시키는 오류를 범한다. 즉, 주도적인 성향이 더 능력이 뛰어나다는 오해이다. 뛰어난 능력이 있는 사람들 중에서 주도적인 사람도 있고 수용적인 사람도 있다. 어떤 사람이 수용적인 태도를 보이는 것은 그의 성향이 그러한 것이지 능력이 부족해서가 아닐 수 있다. 따라서 성향을 이해해야 그의 행동에 대한 오해를 줄일 수 있다.

둘째, 성향에 따라 선호하는 방식이 다르다. 어떤 사람은 직설적인 피드백을 선호하는 사람이 있고, 어떤 사람은 직설적인 피드백에 쉽게 상처받는 사람도 있다. 어떤 사람은 직설적인 피드백을 받아도 금방 원상태로 돌아오는 사람이 있는 반면, 어떤 사람은 한달 내내 가는 경우도 있다. 사람들의 성향을 대략 이해하게 되면 사람들을 훨씬 더 지혜롭게 대할 수 있다.

셋째, 서로가 틀린 것이 아니라 다르다는 것을 이해할 수 있다. 대부분의 사람들은 자신이 가장 균형 잡혀 있다고 생각한다. 이에 자신보다 활발한 사람은 나댄다고 생각하고, 자신보다 세밀한 사람은 과도하게 꼼꼼하다고 생각한다. 자신보다 주도적인 사람들은 압박한다고 여기고, 자신보다 수용적인 사람들은 수동적이라고 여긴다. 그러나 자신의 대략적인 성향과 타인의 성향을 알게 되면 이는 성향의 문제라는 것을 이해할 수 있다.

높은 위치에 있는 리더일수록 주도성이 강한 경향이 있다. 이들의 눈으로 보면 대부분의 구성원은 소극적이고 수동적이다. 이런 성향들을 잘못된 것 또는 무능한 것으로 인식하게 되면 조직이 하나 되기 어렵다. 그러면 자신에 맞는 성향의 구성원으로만 구성하는 것이 최상일까? 모든 구성원이 다들 주도적인 상황이나 모든 구성원이 다들 수동적인 상황을 상상해보라. 이 또한 위험이 있다.

사람은 다 똑같지 않다. 그럼에도 불구하고 다행인 것은 사람마다 완전히 다른 것은 아니다. 기본적인 인간으로서의 공통적인 부분이 있지만 개인별로 약간씩 차이가 있다. 이러한 차이는 또 어느 정도 유형화될 수 있다. 리더는 사람들의 공통적인 심리를 이해할 뿐 아니라 개개인의 약간씩의 차이를 이해하고 존중해야 할 필요가 있다. 자신과 구성원이 무엇이 다른지를 이해하는 것이 훌륭한 팀워크를 만드는 첫 걸음이다.

2) 가치에 대한 이해

그러면 성격만 이해하면 될까? 여기에 몇 가지를 더 이해하면 좋다. 구성원의 경력, 가족, 취미, 가치, 강점, 비전 등을 이해할 필요가 있다. 그의 개인적인 삶과 개인의 가치, 비전 등을 이해해야 그가 어떤 동기로 일하고 어떤 경우에 가장 최선을 다할 수 있는지를 알 수 있다.

조직의 미션과 비전이 개인의 미션과 비전이 정렬될 때 그 조직은 가장 강력한 파워를 발휘한다. 개인이 이루고자 하는 뜻이 조직을 통해 이루어질 때 그 개인은 가장 큰 에너지를 발휘한다. 종교단체의 선교사를 보면 이 말의 뜻을 이해할 수 있을 것이다. 그런데 리더가 구성원의 비전, 가치, 동기의 근원을 모른다면 어떻게 그가 최선을 다하게 도울 수 있을까? 쉽지 않은 일이다. 많은 리더가 개인이 일에서 열정을 가지도록 돕는 데 실패하는 이유 중 하나는 개인의 비전, 가치, 동기의 근원을 알지도 알려고 하지도 않기 때문이다.

나는 젊었을 때 기독교에 아주 열심이었다. 목회자가 될까 하는 생각까지 했었다. 그때 내가 직장을 선택할 때 중요시 했던 것은 '돈'보다는 '시간'이었다. 종교활동이 많았기 때문에 근무시간이 최소화되는 직장과 일을 선호했다. 그러므로 내게는 성과만 달성하면 시간은 유연하게 쓸 수 있도록 허용하는 업무환경이 필요했다. 또한 나의 가치 중 하나는 누구에게 지기 싫어하는 것이었다. 항상 인정받고 싶어했다. 리더가 이러한 나의 가치를 이해했다면 가장 도전적인 과제를 부여하되 시간은 유연하게 쓰도록 풀어줄 수 있었을 것이다. 이렇게 하면 조직도 개인도 윈윈win-win 할 수 있다.

개인적 관심이 있어야 심리적 안정감이 생기고 신뢰가 생긴다. 이것이 기반이 되어야 훌륭한 팀워크가 이루어진다. 다만 개인별로 프라이버시에 대한 민감도에서 차이가 있을 수 있다. 말하고 싶지 않은 가정환경에 있는 구성원에게는 친밀감을 높이기 위해 너무 깊이 들어가려 하면 역효과를 거둘 수도 있다.

한 후배가 있는데 그 부부는 아이가 없었다. 그 부부의 가장 큰 스트레스는 상대가 아이가 있는지 여부를 묻는 것이었다. 없다고 하면 왜 그런지를 묻고 원하지도 않았는데 무언가 해결책을 주려고 계속 이야기할 때 불쾌해지고 다시는 만나고 싶지 않다고 했다. 그러므로 개인적 관심과 친밀감은 필수적이지만 이 또한 상대의 상황을 잘 관찰해서 친밀의 속도를 조절해야 할 필요가 있다.

또 한 가지 주의할 것은 직원들과 친구나 형, 동생처럼 지내는 것은 바람직하지 않다는 것이다. 적절한 거리 유지가 필요하다. 리더의 관심은 직원이 훌륭한 성과를 내게 하는 것이지 놀이터나 스위트홈을 만드는 것이 아니다. 특정 직원들과 퇴근 후나 주말에 사적으로 어울리는 것도 주의하라. 의도하지 않은 정치와 파벌을 만들 수 있다.

32장

파워풀한 팀을 위한 실행 2
인정과 코칭 대화

또 하나의 중요한 실행은 커뮤니케이션 방법이다. 배우지 않아도 커뮤니케이션을 잘 하는 리더들이 있다. 그러나 대부분의 리더들은 커뮤니케이션에 미숙하다. 이러한 리더들은 커뮤니케이션 방법을 배워야 할 필요가 있다.

어떤 커뮤니케이션 방법을 배워야 할까? 마셜 로젠버그Marshall B. Rosenberg의 비폭력대화를 배우거나 코칭이나 커뮤니케이션 과정에 참여해서 훈련을 받아보기를 권한다. 이러한 훈련을 받게 되면 스스로 시행착오를 통해 배우는 것보다 훨씬 빠르게 커뮤니케이션 역량을 향상할 수 있다.

훌륭한 팀워크가 이루어지기 위해서는 리더와 구성원 간, 또 구성원 상호 간 예의 바르면서도 서로 협조적인 커뮤니케이션이 필수적이다. 특히 리더는 코칭 커뮤니케이션에 익숙해져야 한다.

얼마 전 한 리더가 직원들을 코칭하고 싶은데 어떻게 할지 잘 모르겠다고 했다. 코칭을 배운 적도 없고, 자칫 코칭이 아니라 '라떼는~'만 이야기하다 끝날 것 같고, 그래서 아예 코칭을 하지 않는 게 낫지 않느냐고 묻는다. 그래서 나는 코칭을 위해서는 질문을 잘하면 된다고 이야기해주었다. 그리고 오랜 시간을 하지 않아도 된다고 했다. 상황에 따라서 1:1로 차분히 이야기할 수도 있지만 그냥 짧은 시간 동안 가볍게 할 수도 있다고 했다. 가장 핵심적인 질문은 다음과 같다.

1) 지금 무슨 일을 하는가?
2) 일하면서 보람을 느끼고 인정받고 싶은 것은 무엇인가? (듣고 인정해줌)
3) 앞으로 하고자 하는 것, 달성하고자 하는 목표는 무엇인가? (목표를 격려함)
4) 목표 달성을 위해 무엇이 가능한가? (다양한 가능성을 자극함)
5) 내가 도와줄 것은 무엇인가?

그 리더는 구성원과 만나고 난 후 다시 나를 찾아와 싱글벙글하며 말했다.

"그동안 제가 코칭을 어렵게만 생각했습니다. 직원들에게 필요하면 언제든 제 방으로 찾아오라고 했지만 아무도 찾아오지 않았지요. 이번에는 말씀하신 대로 제가 직원들이 일하는 곳으로 갔습니다. 그리고는 그냥 옆에 서서 지금 무슨 일을 하는지, 보람을 느끼는 것은 무엇인지, 무엇을 목표로 하는지, 제가 도와줄 것이 무엇인지 물었습니다. 개인별로 5분 남짓한 짧은 시간이었지만 직원이 무슨 생각을 하고 어떤 뜻을 가지고 있는지 이해할 수 있었습니다. 정말 파워풀한 질문입니다."

위에 열거한 내용에 몇 가지 팁을 더하면 다음과 같다.

하나, '칭찬'보다 '인정'이 중요하다. '칭찬'은 상대의 행동에 대한 표현이다. 이에 반해 '인정'은 그 사람의 존재와 가치를 받아들이는 것이다. 리더가 상대에게 칭찬할 것을 찾는 것도 좋지만 상대에게 자신이 스스로 인정받고 싶은 것이 무엇인지 묻고 이를 그대로 받아주는 것이 더 효과적이다. 그 또는 그녀가 인정받고 싶은 것을 잘 들어보면 그가 무엇을 중요시 하는지, 그녀가 무엇에 보람을 느끼는지 알 수 있다. 무엇을 칭찬할지 고민하기보다 스스로 보람 있다고 여기는 것, 인정받고 싶은 것, 자부심을 느끼는 것이 무엇인지 질문하고 이를 인정해주라.

둘, 과거의 잘못과 문제를 찾는 질문이 아니라 미래를 생각하게 하는 질문이 필요하다. "당신이 고쳐야 할 단점이 무엇인가요?"보다는 "당신이 더 발전하려면 무엇이 필요한가요?" 또는 "우리 조직의 문제가 뭐라고 생각하나요?"보다는 "우리 조직이 어떤 모습이면 좋겠나요?"가 낫다.

셋, 책임을 미루는 질문보다 책임을 갖도록 하는 질문을 하라. "이것은 누구의 탓인가요?"가 아니라 "당신은 무엇을 하면 될까요?"와 같은 질문이 낫다. 만날 때마다 주제를 바꾸어 질문하는 것도 좋다. 예를 들어, 매주 만난다면 1주 차는 월간 목표에 대해, 2주 차는 성장학습에 대해, 3주 차는 혁신과 개선에 대해, 4주 차는 구성원과 동료들에 대해 질문할 수 있다.

세부적인 코칭 기법에 대한 책이나 세미나는 매우 많다. 책을 읽기보다는 세미나에 참석하기를 추천한다. 이를 통해 구성원과 대화하고 코칭하는 법을 몸에 익히는 것이 필요하다. **코칭의 핵심은 가르침이나 설명이 아니라 질문이며, 상대가 가진 잠재력을 스스로 끌어내도록 돕는 것임을 잊어서는 안 된다.**

또한 직원들에게는 소소한 관심을 보여주어야 한다. 몇 가지 팁을 정리해본다.

1) 업무를 훌륭하게 수행한 직원에게는 항상 고마움을 표시한다.

2) 작은 선물, 휴가, 이메일 등을 통한 인정 등 소소한 관심과 고마움을 표현한다.

3) 결혼, 상 등 직원의 대소사에 참석하지는 못하더라도 최소한 축하하거나 위로한다.

4) 점심 식사나 티타임으로 전 직원을 만난다. 최대한 골고루 만난다.

5) 직원의 성과를 기록으로 남겨서 공유하고 인정해준다.

6) 가끔 옆에 가서 말을 걸고 그냥 가벼운 질문을 한다.

7) 자신을 표현하도록 말할 기회를 준다.

8) 때때로 예기치 못한 때 작은 보상을 한다.

단, 함께 시간을 보내거나 고마움을 표현할 때, 또 코칭 대화를 할 때는 가능한 구성원에게 골고루 시간과 마음을 분배하는 것이 좋다.

파워풀한 팀을 위한 실행 3
1:1 미팅

인정이나 코칭 대화는 만날 때마다 할 수 있지만 별도로 정기적인 1:1 미팅을 통해 정례화하는 것이 좋다. 리더는 팀 미팅과 1:1 미팅을 유연하게 활용할 필요가 있다. 팀 미팅은 투명하고 일관된 업무 논의가 가능하지만 개개인의 필요를 채워주지는 못한다. 1:1 미팅은 이러한 필요를 채워준다.

과거 전통적인 회사는 일부러 1:1 미팅을 하지 않는 경우가 많았다. 왜냐하면 1:1로 미팅을 하다 보면 무언가 밀실화된다고 생각하는 리더들이 있었다. 이러한 문제는 왜 생겼을까? 리더가 특정한 사람과만 1:1 미팅을 하기 때문에 생긴 것이다. 리더가 모든 구성원과 동일한 시간만큼 동일하게 미팅을 하고, 그 내용도 개개인의 코칭이나 피드백이 된다면 1:1 미팅처럼 유대감을 강화하는 데 탁월한 도구가 없다.

갤럽에서 실시한 조사에 따르면 자발적으로 퇴사하는 직원의 52%는 리더나 조직이 퇴사를 방지하기 위한 조치를 사전에 취하면, 이탈하지 않을 가능성이 있다고 한다. 모든 사람을 머물게 할 수는 없지만 시간을 내어 평소 주기적 미팅을 통해 이탈률을 낮출 수 있다고 한다.

그럼 어떤 미팅을 해야 하는가? HBR의 퇴사를 예방하기 위한 커뮤니케이션에 관한 기사를 읽어 보면 1:1 미팅이 퇴사 예방에 있어서도 획기적인 도구임을 알 수 있다. 기사에서는 1:1 미팅을 분기에 한 번씩 할 것을 권하고 있으며 아래 목록에서 3~4개의 질문을 선택하면 좋다고 한다.

- 일에 대해 전반적으로 어떻게 느끼셨습니까?
- 업무 중 가장 보람을 느끼는 부분은 무엇입니까?
- 당신이 하는 일의 어떤 면이 가장 즐겁습니까?
- 일과 가정의 균형을 맞출 수 있다는 것에 대해 어떻게 느끼셨습니까?
- 올해(이번 분기) 중 가장 큰 어려움이나 힘든 것은 무엇이었나

요?

- 당신을 더 잘 지원하기 위해 제가 할 수 있는 일이 있습니까?
- 당신과 팀을 지원하기 위해 달리 무엇을 할 수 있습니까?
- 나에게 피드백을 원하는 것이 있습니까?
- 여기에서 배우고 성장하는 것 같습니까? 그렇지 않은 경우 환경을 개선할 수 있는 방법이 있습니까?

미팅 시에는 상대에게 집중하고 경청할 필요가 있다. 만약 상대가 자신의 일, 원격 근무, 육아 시간 부족 등에 대한 불만을 공유하면 어떻게 해야 할까? 즉각적으로 대답이나 해결책을 주기보다는 모든 불만 뒤에는 '헌신'이 있음을 기억하는 것이 중요하다고 한다. 그 헌신을 파악하고 그것을 표현하며 함께 해결하기 위해 무엇을 할 수 있는지 물어보기를 권한다. 예를 들면 다음과 같다.

직원의 불만) "매일 똑같은 일을 하고 있고 내 경력에서 아무 성과도 내지 못하고 있는 것 같아요."
리더의 재구성 답변) "당신이 성장하는 데 정말로 전념하고 있고 성장하기 위해 열망이 매우 높음을 알았어요. 그런데 지금 당장은 그런 일이 이루어지지 않아 힘든 것이 느껴지네요."

리더의 재 질문) "당신이 성장하고 변화를 만들 수 있도록 내가 도울 수 있는 것이 무엇일까요?"

그리고 다음과 같은 방식의 마무리를 권한다.

"오늘 회의에서 보여준 열린 태도 고마워요. 불만을 공유해줘서 정말 고마워요. 약속한 대로 나는 이러한 부분을 시행할게요. (후속 조치 나열) 그리고 두 달 후에 다음 미팅을 위해 초대할게요. 사전에 이슈가 있으면 언제든 미팅 요청하세요. 시간을 비워놓을게요."

나는 이 기사를 읽으며 불만 뒤에 있는 '헌신'을 보고 이를 기반으로 그의 불만을 재구성하라는 구절에서 무릎을 탁 쳤다. 직원의 고충이나 불만을 그저 철없는 이기심, 불평이나 회사에 대한 비난으로 받지 마라는 것이다. 그러한 말을 하는 배경에는 상대가 뭔가 발전하고자 하는 갈망, 잘해보고자 하는 뜻이 있다는 것이다. 그게 '헌신'이다. 그걸 찾아주고 이를 해결하기 위한 방안을 묻고 지원하면(다 해결할 수는 없을지라도), 윈윈이 되고 함께 더 오래갈 수 있게 될 것이다.

1:1 미팅은 피드백 미팅으로 활용할 수도 있다. 피드백 관련해서 좋은 책과 훈련들이 많다. 리더라면 이 부분도 별도로 배우고 훈련할 필요가 있다. 피드백의 주요 원칙을 살펴보자.

1) 팩트에 기반하여 구체적으로

2) 과거 지향이 아닌 미래 지향으로 한다.

3) 무엇이 성공인지를 상호 명확히 한다.

4) 피드백은 개선될 때만 가치 있다.

피드백은 꼭 일방적일 필요는 없다. 리더도 구성원에게 피드백을 받을 필요가 있다. 얼마 전 한 리더가 내게 자신의 고충을 털어놓으며 조언을 구했다.

"저는 직원들에게 좋은 리더십을 발휘하는 것 같지 않습니다. 그래서 직원들에게 피드백을 받고 싶은데 어떻게 받아야 할지 모르겠습니다. 솔직히 피드백을 받기가 싫습니다. 예전에 직원들에게 솔직한 피드백을 한번 해달라고 요청했는데 너무 솔직하게 이야기하니까 제가 힘들더라고요. 그다음부터는 더 이상 묻지 않습니다."

이처럼 리더가 구성원에게 피드백을 받는다는 것은 쉽지 않다. 다면 평가가 활발한 직장도 있지만 대개 리더들은 다면 평가 결과도 즐겁게 받아들이지 못한다. 특히 자존심이 강하고 성공한 리더일수록 부정적 피드백을 받고 싶어 하지 않는다. 피드백이라는 것은 자신이 무엇을 잘못했는지에 대한 부분에 초점을 맞추기 때문이다.

이에 세계 최고의 리더십 코치 마셜 골드스미스Marshall Goldsmith 박사는 피드백이 아닌 '피드포워드'를 하라고 권한다. 피드백은 바꿀 수 없는 과거에 초점을 맞추는 것이라면 피드포워드는 바꿀 수 있는 미래에 에너지를 집중하는 것이다. 이 개념을 적용해 질문해보자. 리더가 구성원에게 "내가 과거에 잘못한 것이 무엇인가요?", 또는 "나의 문제가 무엇인가요?"라고 묻는 대신 "내가 ~부분을 잘하고 싶은데 좋은 방법이 없을까요?"라는 방식으로 물으라는 것이다. 전자는 피드백의 질문이라면, 후자는 피드포워드의 질문이다. 이렇게 하면 자신의 과거 잘못이나 문제를 들추지 않고도 필요한 부분에 대한 정보와 통찰을 얻을 수 있다.

골드스미스 박사는 구성원에게도 '수동형 질문'이 아닌 '능동형 질문'을 던지라고 한다. 수동형 질문이란 변명을 낳는 질문이며 환경 탓이나 회사 탓을 하는 질문이다. 반면에 능동형 질문은 자신의 행동에 대해서 고민하게 하고 스스로의 책임을 깨닫게 하는 질문이다. "목표를 달성했는가요?"는 수동형 질문이고, "목표 달성을 위해 최선을 다했나요? 어떤 교훈을 얻었나요?"는 능동형 질문이다.

질문만 바꾸어도 초점을 완전히 바꿀 수 있다. 부정에서 긍정으로, 과거에서 미래로 전환할 수 있다. 피드포워드 질문, 능동형 질문을 통해 과거가 아닌 미래의 발전에 초점을 맞추는 것 또한 리더가 익숙해져야 할 부분이다.

34장

파워풀한 팀을 위한 실행 4
팀빌딩

리더가 사람에 대한 욕구와 동기도 충분히 이해했다. 이에 따라 구성원을 보는 관점을 이 책에서 제시한 바와 같이 변화시킨다. 구성원 개개인에 대한 가치, 목표, 가정 환경 등도 어느 정도 파악해서 구성원이 어떤 동기하에 움직이는지 잘 알게 되었다. 구성원의 성향도 알게 되어 그 성향에 맞게 어떻게 업무를 할당하고 도울지도 이해하게 되었다. 주기적인 코칭과 1:1 대화를 통해 개개인이 성장할 수 있도록 지원하고 있다. 아마 이 책의 독자가 이 정도까지 한다면 이미 훌륭한 리더라고 불리울 자격이 충분하다.

그럼에도 불구하고 이것으로 충분하지 않다. 왜냐하면 대부분의 조직은 팀으로 움직여 목표를 달성해야 하기 때문이다. 개개인이 동기부여가 되고 최선을 다해 일하는 것은 당연히 팀의 성과와 연결되지만 이것이 자동적으로 팀의 성과를 만드는 것이 아니다. 마치, 축구선수 하나하나가 동기부여되고 최선을 다해서 플레이 한다고 해서 자동적으로 팀플레이를 하는 것이 아님과 같다.

팀플레이를 위해서는 개인연습을 넘어서서 팀으로서 별도의 훈련이 필요하다. 이에 리더는 개인을 넘어선 팀빌딩을 만들어나갈 필요가 있다. 나는 여러 조직을 맡아보았는데 개개인들의 역량이 부족하고 개인에 대한 리더의 관심과 이해가 부족해서 성과가 나지 않은 조직이 있었지만, 개개인의 역량도 충분하고 개인에 대한 리더의 관심과 이해도 충분한데도 성과가 나지 않은 조직이 있었다. 이를 해결하기 위해서 무엇이 필요할까?

제일 중요한 것은 앞에서 언급한 '목표' 설정과 공유다. 팀원 개개인이 아무리 고무되고 리더와 팀원 간의 신뢰가 있더라도 구성원이 같은 목표를 향하지 않으면 그저 좋은 사교단체에 그치고 만다. 내가 후자의 조직을 변화시킨 후 가장 많이 들은 말은 이것이다. "예전에도 저희는 열심히 했습니다. 그런데 성과가 낮고 인정받지 못했습니다. 그래서 속이 상했습니다. 열심히 했는데도 인정받지 못해서요. 그런데 이제 그 이유를 알았습니다. 그것은 방향없이 열심히 했기 때문입니다. 그러나 이제는 우리가 어디로 가야 할지 알고 열심히 합니다." 리더가 파워풀한 팀을 만들기 위해서는 가는 방향을 명확히 해야 한다.

다음은, 구성원의 역할과 책임을 명확히 하고 이것이 목표를 향해 어떻게 연계되는지 이해할 수 있도록 도우며, 때로는 따로따로 때로는 협력할 수 있도록 하모니를 만드는 것이다. 여기에 더하여 책임과 역할에 있어 누가 우위에 있는 것이 아니라 서로가 연결됨으로써 승리를 이룰 수 있음을 명확히 하는 것이다. 당신이 오케스트라 지휘자라고 생각해보라. 교향곡이 아름답게 연주되기 위해서는 바이올린도 필요하지만 콘트라베이스도 필요하고 북도 필요하다. 각 파트는 강하게 연주할 때도 약하게 연주할 때도 있다. 모든 연주자들이 그저 강하게만 연주해서는 아름다움이 만들어질 수 없다. 다른 연주자들의 소리를 듣고 , 자신이 강하게 연주할 때와 약하게 연주할 때를 알고 서로 협력하여 연주할 필요가 있다.

내가 한 B2B 사업을 맡을 때였다. 조직을 맡고 살펴보니 그 이전에는 모든 것이 '영업' 중심적이었다. 조직이 수주숫자를 가장 핵심지표로 관리하다 보니 수주를 책임지는 영업에게 조직의 모든 초점이 맞추어져 있었다. 실제 수주할 수 있도록 지원하는 직원들, 수주된 프로젝트를 수행하는 직원들, 사후 고객의 이슈를 해결하는 역할을 하는 직원들이 훨씬 많았지만 이들의 노력은 당연하게 취급되었고, 큰 관심도 두지 않았다. 이렇게 되니 팀워크가 약했다. 경영자들의 관심이 덜한 조직은 수행능력과 사기가 점점 약화되고 있었다. 그러자, 고객들의 불만이 증가하여 영업과 수주에도 나쁜 영향을 주게 되었다.

나는 조직을 맡은 후 우리 사업은 'chain'과 같다고 강조했다. 영업, 컨설팅, BM, 제안, 수행, 고객센터, 기획 모두가 엮여져서 우리의 경쟁력을 만든다고 했다. 그리고 이 중 가장 약한 고리가 우리의 진짜 실력임을 강조했다. 서로 협력할 수 있도록 했고, 소외되었던 조직들을 찾아가고 그들의 성과를 전 직원들에게 메일로 공유하였다. 이러자 팀워크가 살아나기 시작했다.

셋째, 조직의 평가/보상 설계 또한 중요하다. 물론 평가/보상 설계 또한 팀의 유형에 따라 달라질 수 있다. 구성원 개개인의 책임이 명확하고 협력 정도가 크지 않은 업무로 구성된 팀의 경우 개인의 평가/보상 비중을 높일 수 있다. 그러나 목표 달성을 위해 구성원 간의 협력 정도가 높은 조직인 경우 개인의 성과에 초점을 두고 평가하고 보상한다면 팀이 효과적으로 움직이기 어렵다. 서로 협력하라고 하면서 개개인의 성과를 초점으로 하고 구성원 간 서로 상대평가를 한다면 서로 적극적으로 협력할 수 없기 때문이다. 자칫하면 고객을 보고 경쟁자들과 경쟁하기보다는 타 부서와 경쟁하거나 동료들과 경쟁할 위험이 크다. 이렇게 말하는 나도 이로 인해 어려움을 겪은 적이 많다. 왜냐하면 회사 규모가 큰 경우

특정 조직의 리더 마음대로 평가나 보상 구조를 정할 수 없기 때문이다. 그러나 이 문제를 해결하지 않으면 근본적으로 강한 팀워크가 발휘되기 어렵다.

이러한 팀플레이를 위해서 목표 명확화, 업무할당 및 협력체계 정비, 평가/보상 설계 외 리더는 구성원 간 신뢰와 소통을 활성화할 수 있는 활동 또한 병행할 필요가 있다. 팀원들 간의 상호이해와 신뢰를 증진시킬 수 있도록 리더는 자연스럽게 구성원을 섞이게 하는 기회를 만든다. 이를 통해 구성원이 서로의 성격, 가치, 경력, 하고 있는 일들을 서로 이해할 수 있는 기회를 만든다. 단지, 주의할 것은 이러한 소통방식은 시대나 구성원의 계층에 따라 수용도가 달라진다는 것이다. 술자리나 회식자리를 선호하는 조직이나 계층도 있을 수 있지만 최근에는 그렇지 않은 조직이나 계층이 증가한다. 이에 새로운 문화, 새로운 세대에 적합한 효과적인 소통 방식을 발굴하고 시도해나갈 필요가 있다.

이러한 방법은 이미 많은 다른 책이나 콘텐츠에서 다루고 있으니 배우고 익히시길 권한다.

35장

리더의 편향과 균형 찾기

리더의 핵심 임무는 첫째, 목표와 방향을 명확히 하고, 둘째, 구성원들이 일할 수 있는 환경과 체계를 정비하며, 마지막으로 구성원들을 임파워하고 고무하고 지원하여 팀이 목표를 달성하도록 하는 것임을 말했다. 결국, 리더십이란 타인을 움직임으로써 목표를 달성하는 기술이라 말할 수 있다. 이러한 과정에서 리더들이 범하기 쉬운 가장 큰 실수는 '편향'이다. 리더들 또한 자신의 경험과 지식에 근거하여 자신만의 사고방식과 관점을 가지게 된다. 이렇게 관점이 편향될 경우 다양한 구성원들을 하나로 묶고 파워를 내는데 한계를 가져오게 된다. 어떤 편향이 있을까?

1) 사람의 동기는 다 동일하다는 편향

"사람들은 돈이면 다 움직여." "사람들은 돈이 중요한 것이 아니라 자율로 움직여." "사람들은 칭찬으로 움직여." 이렇게 단정하는 것이다. 사람들에게 공통적인 욕구와 동기가 있는 것은 분명하지만, 그 욕구와 동기의 강도는 사람마다 다르다. 돈으로 쉽게 움직이는 사람이 있는 반면 잘 움직이지 않는 사람도 있다. 자율로 쉽게 움직이는 사람이 있고 잘 움직이지 않는 사람이 있다. **사람마다 스스로를 움직이게 하는 동기의 차이가 있음을 이해해야 한다.**

또한 어떤 동기부여 방법을 사용하든지 지나치면 더 이상 효과가 없다. 돈이든 칭찬이든 효용의 한계가 있다. 사람들은 과거에 제공 받았던 것을 기준점으로 삼아 항상 그 이상을 원하기 때문이다. 리더는 사람의 공통적인 동기와 개별적 동기 두 가지를 모두 이해할 필요가 있다. 또한 동기를 부여하는 방법을 사용함에 있어서도 절제가 필요하다.

2) 자율 또는 규율에 대한 편향

어떤 리더들은 '자율'이 모든 것을 해결해준다고 믿는다. 믿고 맡기면 알아서 다 한다는 생각이다. 반면에 어떤 리더들은 '규율'이 모든 것을 해결해준다고 믿는다. 맡겨놓으면 나태해질 수 있으므로 명확한 규율하에 리더십을 발휘해야 한다는 것이다. 이 또한 균형이 필요하다. 규율이 없으면 혼란스러워지고, 자율이 없으면 일에 대한 흥미가 감소한다. 균형이라는 것은 50:50을 의미하는 것이 아니다. 상황에 따라 다른 배합이 필요하다. 창의적이고 실험적인 업무에는 자율이 더 필요할 것이며, 프로세스대로 명확히 움직여야 하는 업무라면 규율이 더 필요할 것이다. 스스로 알아서 할 수 있는 전문가라면 자율이 더 필요할 것이며, 이제 배워야 할 구성원이라면 규율이 더 필요할 수도 있다.

3) 목표 또는 관계에 대한 편향

어떤 리더들은 매우 '목표' 중심적이다. 목표를 향해 돌진하며 구성원들을 희생해서라도 그 목표를 달성해야 한다고 생각한다. 개개인에 대한 이해와 개개인의 성장에 대해서 큰 관심이 없다. 반면, 어떤 리더는 매우 '관계' 중심적이다. 목표보다는 구성원들 간의 좋은 관계를 더 중요시 여긴다. 구성원들을 이해하고 좋은 관계를 맺으며 성장시키는 데 초점을 둔다. 이 또한 균형이 필요하다. 목표가 불명확하면 사교단체에 그칠 뿐이다. 반면, 목표에 구성원들을 희생시키고 구성원의 성장을 도외시한다면 조직이 지속가능하기 어렵다.

4) 고무 또는 관리에 대한 편향

어떤 리더들은 구성원들을 고무하고 동기를 불러일으키는 것이 리더의 핵심 임무라고 생각을 한다. 반면, 어떤 리더들은 자신의 핵심 미션은 팀에 업무를 잘 할당하고 진척을 관리하며, 통일성을 유지하고 위험을 예방하는 등의 철저한 관리라고 생각한다. 이 또한 균형이 필요하다. 리더는 이 두 가지를 모두 수행해야 한다. 구성원을 고무하고 동기를 불러일으키는 것만으로 조직의 목표가 달성되지 않는다. 방향과 전략이 명확하지 않는 고무와 동기부여는 '정신승리'만을 가져올 가능성이 높다. 실행 관리가 없는 동기부여는 지속되기 어렵다. 그럼에도 불구하고 사람들은 기계가 아니다. 관리만으로 최선을 다하기 어렵다. 더 높은 뜻을 제시하고 비전에 고무될 수 있도록 도울 필요가 있다.

5) 상사 또는 구성원에 대한 편향

어떤 리더들은 상사에 절대적이다. 상사가 불합리한 지시를 해도 그대로 전달한다. 상사에만 신경쓰고 구성원들은 보호하지 못한다. 반면, 어떤 리더들은 구성원들 중심이다. 상사 관리에는 관심이 없고 자신이 맡은 조직에만 온 힘을 쏟는다. 구성원들은 좋아하지만 상사에게 인정받지 못한다. 구성원의 팀워크를 만들지 못하는 리더도 문제가 있지만, 상사를 잘 관리하지 못하는 리더 또한 조직을 강하게 만들기 어렵다. 리더는 두 가지에 모두 탁월할 필요가 있다.

한 측면에서는 상사와 신뢰 있는 관계를 맺고 보고와 커뮤니케이션을 능숙하게 한다. 상사의 요구와 필요를 자신의 조직의 역할과 잘 정렬시킨다. 자신이 맡은 조직의 성과를 상사에게 적극적으로 어필한다. 또 한 측면에서는 상사가 자신의 조직에 과잉 개입하지 않도록 한다. 상사의 불합리하거나 불필요한 지시는 상사를 잘 설득하거나 관리하여 매끄럽게 처리한다. 다양한 지시에 대해서 경중을 잘 분별하여 집중할 것과 대략할 것을 정리한다. 이를 통해 구성원들을 보호하고 구성원들이 꼭 필요한 일에 집중할 수 있도록 돕는다.

때때로 리더는 인기있는 리더십 책을 읽거나 리더십 강의를 듣고 편향에 빠지기도 한다. 리더십에 있어서 절대적인 진리란 없다. 항상 양면이 있고 양면 모두 필요하다. 그러나 이 양면을 받아들이는 균형(밸런스)에 대한 이해조차 오해가 있다.

첫째, 균형이란 수학적인 중간값을 뜻하지 않는다. 예를 들어, 어떤 리더가 누군가로부터 너무 목표 중심적이라는 피드백을 받으면 자신이 잘못되었다고 생각한다. 이에 그동안 강하게 목표를 제시했던 리더가 타협해서 목표제시의 강도를 낮춘다. 이것은 균형이 아니다. 사람에 대해 신뢰하는 리더에게 균형이 맞지 않다고 하면, 사람에 대한 신뢰를 낮춘다. 이것은 균형이 아니다. 균형이란 양 극단을 모두 받아들이고 필요와 상황에 따라 적용할 수 있는 것을 의미한다. 목표도 중요시 하고, 구성원들과의 팀워크도 중시하는 것이다. 사람은 신뢰하지만 사람이 하는 일은 믿지 않고 관리하는 것이다.

둘째, 균형이란 50:50이 아니다. 상황에 따라 배율이 달라지는 것이 균형이다. 오른손과 왼손을 50:50을 쓰는 사람은 거의 없다. 그렇지만 우리는 균형 잡혀 있다고 한다. 마찬가지로 상황에 맞게 그 비율을 조정하는 것이 균형이다. 어떤 상황에서는 자율과 규율을 70:30으로 사용할 수도 있고, 어떤 상황에서는 30:70으로도 사용할 수 있다.

노련한 리더는 상황에 따라 기업문화에 따라 구성원에 따라 양 극단을 적절하게 배합하여 사용한다. 다양한 도구를 가지고 상황에 맞게 활용한다. 어떤 상황에서든지 어떤 사람을 만나든지 유연함을 잃지 않는다. 미숙한 리더는 자신의 성향, 자신의 관점 속에 갇혀서 하나의 도구로 모든 것을 해결하려 한다.

어떻게 노련해질 수 있을까? 먼저는 내가 위에서 말한 바를 잘 기억하여 자신의 고정관념을 버리고 다양성을 포용하는 '관점'을 갖는다. 그리고 매일매일 의식하면서 조금씩 훈련한다. 리더십이란 운동과 유사하다. 좋은 책이나 가르침을 통해 기본기를 이해하고 이를 기반으로 매일 의식적으로 훈련해나갈 때 진보와 성장이 있다. 여기에 이를 봐주고 피드백할 수 있는 좋은 코치나 멘토가 있다면 더더욱 성장이 가팔라진다. 이를 훈련해나가면 의식하지 않고도 행동할 수 있는 부분이 점점 많아질 것이다.

"상사를 좋아하거나 존경하거나 미워할 필요가 없다. 다만
그를 적절하게 관리해서 상사가 당신의 성과, 목표, 성공에 도움이
되게 할 필요가 있다."

- 피터 드러커(경영학자)

4부

리더의 기술

새로운 일을 꺼리고 저항하는 이유는 회사가 싫어서,
리더가 싫어서, 그 일이 싫어서가 아니라는 것이다.
모르거나 실패할까 두려워서일 가능성이 높다. 그러므로 배울 수
있도록 돕고 작은 성공경험을 쌓을 수 있도록 도와라.

36장

위임의 기술

얼마 전 한 리더가 '위임'에 대해 고민하며 이런 질문을 해왔다.

"제대로 챙기면 간섭하고 위임하지 않는다고 하니 나쁜 리더가 되는 느낌입니다. 직원들에게 맡기면 좋은 리더가 되는 것 같긴 한데 문제가 종종 생깁니다. 게다가 상사가 세부 사항을 물을 때 대답을 못하게 됩니다. 도대체 위임을 어떻게 해야 하나요?"

위임이란 쉬운 듯 보이지만 어렵다. 위임을 하지 않으면 리더 혼자 바쁘게 될 뿐 아니라 구성원들의 역량을 향상시킬 수 없다. 그러나 위임한다는 이름하에 방치를 할 경우 업무의 질이 떨어지고 위험 대응이 늦는 등 문제가 생기는 경우가 많다. 그러면 어떻게 위임할 것인가?

첫째, 위임은 회사와 조직의 성숙 단계에 따라 달라진다. 한 스타트업 CEO가 찾아왔다. 자신은 마케팅 전문가가 아니라서 마케팅에 대해 전혀 공부하지 않고 마케팅 업무를 한 임원에게 완전히 맡겼다는 것이다. 그런데 그 임원이 갑자기 이직을 하게 되어 무엇을 챙겨야 할지, 어떻게 해야 할지 모르는 상황이 닥쳐와서 매우 고통을 받았다고 했다.

회사의 규모가 작고 회사의 출발단계에서는 일단 CEO나 리더가 모든 것을 직접 다해본 후 위임하는 것이 좋다. 위임한 후에도 무엇이 어떻게 돌아가는지 챙기면서 충분히 이해하고 있어야 한다. 왜냐하면 회사의 규모가 작을수록 인력의 여유가 없이 돌아가기 때문이다. 이에 한 사람이라도 빠지면 대치하기 어렵다. CEO나 리더가 업무를 완전히 장악해야지만 빈곳을 잠시라도 대신할 수 있다.

반면 성숙한 대기업에서는 이렇게 할 필요가 없다. 잘 모르는 분야는 전문가 리더에게 맡겨놓아도 괜찮다. 설령 그 리더가 이직을 한다고 해도 대치할 수 있는 다른 리더들이 많기 때문에 관리의 강도를 약하게 해도 괜찮다.

위임에 관한 큰 오해 중 하나는, **자신이 모르는 분야 또는 비전문적인 분야일수록 위임해야 한다는 생각이다.** 그러나 회사 규모가 작을수록 리더가 잘 아는 분야를 위임하는 것이 좋다. 자신이 잘 아는 분야는 자신이 통제할 수 있다. 설령 일이 잘못되어도 자신이 교정할 수 있다. 그러나 자신이 알지 못하는 분야는 자신의 통제하기 어렵기 때문이다.

둘째, 위임은 모니터링과 같이 이루어져야 한다. 인텔의 CEO였던 앤드루 그로브가 자신의 저서 《하이 아웃풋 매니지먼트》에서 말한 것처럼 위임을 하더라도 그 일의 책임은 리더에게 있기 때문이다. 위임은 방치가 아니다. **위임한 일이 잘 돌아가는지 모니터링이 필요하다.** 모니터링은 자신이 간섭하여 대신 의사결정하려 하는 것이 아니라 원래 세웠던 목표와 계획대로 진행되는지를 확인하는 것이다.

모니터링은 일의 시작부터 끝까지 골고루 이루어질 필요가 있다. 일이 거의 끝날 때만 하는 것이 아니다. 그러면 일이 잘못되었을 때 이를 바로잡기 어려워진다. 초기부터 챙기면서 방향을 잘 잡고 있는지 확인할 필요가 있다.

셋째, 위임의 범위와 강도는 구성원의 역량과 동기에 따라 달라진다. 구성원이 업무 의욕이 높아 오너십이 강하고 뛰어난 능력으로 계획한 목표를 자율적으로 달성해나간다면 관리를 최소화할 필요가 있다. 이러한 상황에서 세부적으로 모니터링하고 점검한다면 구성원의 의욕은 감소하기 때문이다. 그러나 구성원이 오너십이 약하고 방향을 제대로 잡지 못하거나 실행한 업무 역량이 부족하다면 관여할 필요가 있다. 좀 더 세부적으로 지시를 내린다. 필요하면 교육을 한다. **역량과 동기가 좋은 구성원에게는 자율을 높이고 지지와 격려를 강화하며, 그렇지 못한 구성원에게는 조금 더 상세한 지시와 코칭을 한다.** 그러나 믿을 만하다고 해서 그냥 믿고 방치해서는 안 된다. 그러면 어떤 방법이 좋을까? 가끔 무작위로 질문을 던져보는 것이다. 체크를 하고 보고를 받으려 하기보다는 자연스러운 질문을 통해 자율성을 꺾지 않으면서도 진행이 제대로 되는지를 확인하고 필요한 코칭도 할 수 있다.

넷째, 위임은 상황에 따라 달라진다. 평상시에는 위임의 강도를 높여 맡기고 모니터링하지만, 비상시나 위기시에는 리더가 하나하나 직접 챙기고 지시할 필요가 있다. 비상시나 위기시에는 창의성이나 자율성보다 일사분란함이 더 필요하기 때문이다. 그러므로 '위임' 또한 절대공식이 있는 것이 아니다. 위임은 기업과 조직의 성숙도, 구성원의 역량과 동기, 기업의 상황에 따라 달라진다.

그러나 실제 현장을 관찰해보면, 어떤 리더는 어떤 상황에서든 어떤 구성원을 이끌든 상관없이 방치에 가까운 위임을 하고, 어떤 리더는 마이크로 매니지를 한다. 양 극단 모두 조직의 최고의 성과를 방해한다. **리더는 상황에 따라, 구성원에 따라 위임의 기술을 유연하게 적용해야 한다는 것을 기억하고 실행해야 한다.**

유능한 리더는 흔히 말하는 '똑게'(똑똑하면서 게으른)가 아니다. '아무것도 안 하는 리더가 훌륭하다'든지 '모든 디테일을 챙기는 리더가 훌륭하다'든지 하는 주장 또한 극단적이다. 노련한 직원들과 일하는 리더와 해병대 신입 지원자들을 훈련하는 리더가 똑같이 행동할 수는 없다. 훌륭한 리더는 어떤 구성원들을 맡아도 이에 맞는 유연한 리더십을 발휘해서 좋은 성과를 내는 리더이다.

37장

구성원 변화관리 기술

조직에 변화를 만들고 싶지만, 구성원들의 저항이 심하다는 고민을 토로하는 리더들이 가끔 있다. 나는 그들에게 이런 답을 하곤 한다. "사람들이 새로운 일을 꺼리고 저항하는 이유는 싫어서가 아니라 몰라서일 수 있다." 물론 무작정 반대와 저항을 하는 사람들도 10~20%는 있다. 그러나 대부분은 변화가 '싫어서'가 아니라 '몰라서' 저항한다.

예를 들어, 코로나 이전 많은 회사가 화상회의를 도입하려 했지만, 대부분 구성원은 오프라인 미팅 대비 효과가 떨어진다고 불평하고 저항했다. 그러나 코로나로 화상회의를 어쩔 수 없이 사용하다 보니 그들은 화상회의의 편리함을 발견하기 시작했다. 이제 화상회의가 불편하다고 저항하는 분들은 많지 않다. 화상회의를 비효과적이라고 여겼던 많은 리더들 또한 자신들이 직접 사용해 본 이후 효과를 발견하고 도입한 사례도 적지 않다.

대다수 사람들이 변화에 저항하는 이유는 '익숙함을 벗어나는 것에 대한 두려움' 때문이다. 새로운 것을 잘하지 못하면 뒤처질 것 같은 두려움 때문에 저항하는 것이다. 혁신적인 10~20%는 누가 말하지 않아도 스스로 배우지만, 중간에 있는 다수는 그냥 염려만 할 뿐 시도하지 않는다. 그들에게 새로운 것이 그리 어렵지 않고 그들도 잘할 수 있다는 확신을 줄 필요가 있다. 이를 통해 배울 수 있도록 도와주면 변화는 자연스럽게 일어나게 된다. 구성원이 변화를 수용하고 적응할 수 있도록 다음의 방법을 사용해보자.

첫째, 끊임없이 소통한다. 만날 때도 하고, 메일로도 하고, 전체로 모여서도 그룹으로 모여서도 이야기하는 것이다. 1년 내내 이야기하는 것이다. 이렇게 되면 대부분 구성원은 새로운 변화의 용어를 스스로 자연스레 말하게 된다.

둘째, 배울 수 있도록 도와준다. 말만 백날하고 토론만 해서는 단 하나도 변하지 않는다. 대개 70~80%는 스스로 찾아서 배우지 않는다. 이들이 배우도록 도와주어야 한다. 이때 주의할 것은 리더는 빠지고 구성원들만 배우라고 하면 안 된다. 이렇게 되면 구성원들은 자신들이 '주체'가 아닌 '대상'이 되었다고 여기기 때문에 심리적으로 저항이 생긴다. 같이 참여해서 같이 배우면 새로운 변화가 훨씬 효과적이고 효율적임을 이들도 느끼게 된다.

셋째, 작은 성공을 경험하도록 도와주고 성공에 대해서 인정해준다. 초기에는 대부분의 구성원들은 변화를 원하지 않는다. 따라서 목표는 크게 가지되 실행은 작게 할 수 있도록 한다. 그리고 그 실행에서의 성공경험을 나눌 수 있는 장을 만들어준다. 자신이 새롭게 배우고 경험한 사례를 공유할 수 있도록 한다. 그러면 거기에서 많은 감동적인 스토리가 나온다. 초기에는 저항하고 어려웠지만 이를 극복하여 성공을 이루어낸 사례들을 듣고 보면 대부분의 구성원들은 격려를 받고 동기가 생긴다. "하면 되는구나"라는 자신감이 생긴다.

내가 한 기업의 IT조직을 맡을 때였다. 그당시 IT조직은 사업을 지원하는 시스템을 개발하고 운영하는 지원 업무를 초점으로 했다. 그러나 외부환경은 디지털로 변화하고 있었다. IT부서가 디지털을 통해 사업을 리딩하는 상황이었다. 이에 다음과 같은 변화 아젠다를 제시하였다.

1) IT와 디지털이 사업의 핵심이 된다.

2) 이에 IT부서는 디지털 전환을 이끌고, 클라우드 기반의 디지털 플랫폼으로 전환하고 업무 방식을 바꾼다.

3) 외주에 의존하지 않고 자체 SW 역량을 확보한다.

그러나 많은 구성원들은 두려워하고 의심하였다. 클라우드 기술이 무엇인지, 장애가 나면 누가 책임지는지, 우리만 바꾼다고 되는지 등 의구심이 많았다.

이를 해결하기 위해 우리는 1년 이상 정기 세미나를 통해 최신 기술과 트렌드에 대한 공유를 하며, 핵심인력들을 양성하기 위해 훈련을 보냈다. 전 직원들에게 최신 기술을 교육하고 100여 개의 작은 프로젝트를 추진했다. 'IT Transformation Day'라는 공유의 장을 만들어 성공사례를 공유하도록 했다. 작은 성공사례들이 공유되자 자신감이 상승하였다. 이를 기반으로 로드맵을 만들어 하나씩 성취해나갔다. 결국, 그 결과 우리는 목표하던 바를 달성할 수 있었다.

리더들은 이 점을 기억하자. 새로운 일을 꺼리고 저항하는 이유는 회사가 싫어서 리더가 싫어서 그 일이 싫어서가 아니라, 모르거나 실패할까 두려워서일 가능성이 높다. 그러므로 배울 수 있도록 돕고 작은 성공경험을 쌓을 수 있도록 도와라.

38장

리더의 승진 전략

리더들도 다양한 계층이 있다. 작은 팀을 책임지는 리더도, 사업 전체를 책임지는 리더도, 회사 전체를 책임지는 리더도 있다. 물론 현재 맡은 규모의 책임자로 만족하는 리더들도 있지만 대개는 더 큰 책임을 맡기를 원한다. 더 큰 책임을 맡는다는 것은 부담이기도 하지만 더 큰 영향력을 발휘할 수 있는 기회, 역량을 업그레이드할 수 있는 좋은 기회이기에 리더에게 승진은 매우 중요하다. 승진을 하려면 어떻게 해야 할까? 승진은 역량, 성과, 인맥, 처신, 운의 함수에 의해 결정된다.

승진 = f(역량, 성과, 인맥, 처신, 운)

각 요소가 어느 정도 영향을 미치는가는 회사의 규모와 상황, 문화에 따라 달라진다. 어떤 기업에서는 인맥이 가장 중요할 수도 있고, 어떤 기업에서는 성과나 역량이 가장 중요할 수도 있다. 어떤 기업에서는 처신 또한 중요하다. 이에 자신이 속한 기업이 무엇을 더 중요하게 여기는지 잘 파악해야 한다. 운 또한 중요한 요소다. 운은 비슷한 역량을 가진 사람들의 격차를 크게 만들기도 한다. 그럼에도 불구하고 승진 관리에 있어서 중요한 부분들은 다음과 같다.

첫째, 기본적으로 현재의 포지션을 잘 수행하고 있음을 성과로 보여준다. 자신이 추구하는 가치가 회사가 지향하는 가치와 일치하는지 보여준다. 이는 기본이니 말할 필요가 없다.

둘째, 승진이란 더 큰 조직을 맡기는 것이다. 회사는 해당 리더가 현재의 조직에서 성과를 거두고 있다고 해서 자동적으로 승진시키지 않는다. 리더는 자신이 더 큰 조직을 경영할 수 있는 역량이 있음을 보여주어야 한다. 이를 위해서는 자신의 부서뿐 아니라 상사가 관리하는 부서들 전체의 관점에서 본다. 전체적 관점에서 협력하고, 가끔씩 잘 될 수 있는 아이디어도 제시한다. 단, 주의할 점이 있다. 이를 명시적으로 너무 자주 하면 타 부서의 리더들이 싫어할 수 있다. 능력이 부족한 상사라면 이를 위협으로 여길 수도 있다. 그러므로 밸런스를 맞추어야 한다.

셋째, 상사뿐 아니라 '상사의 상사'에게도 좋은 인상을 줄 필요가 있다. 리더의 승진은 직속상사에 의해서만 결정되지 않는다. 또한 상사가 아니라도 다른 부서 리더들에게 또한 최소한 나쁜 인상을 주지는 않아야 한다. 인사 결정자와 가까운 누군가가 그 사람은 아니라고 한다면 승진은 어렵다.

"강점을 극대화하고 약점에 신경쓰지 말라."는 조언이 있지만 이는 진실이 아니다. 현장에서는 "강점을 극대화하되 약점은 어느 선 밑으로 내려오지 않도록 관리하라."가 더 적합한 진실이다. 모든 것이 두리뭉실하면 승진하기 어렵다. 무언가 한두 가지에 뛰어나야 한다. 그러나 약점을 관리하지 않으면 더 큰 책임을 맡기 어렵다. 뛰어난 성과를 내고 혁신을 이루어내는 팀장이 있었다. 그러나 매번 승진이 좌절되었는데 그 이유는 '다면평가' 결과가 너무 낮다는 것이었다. 어떤 항목이 과락이 될 정도로 낮으면 다른 것을 아무리 잘해도 승진하기 어렵다. 너무 전문성이 없다든지, 태도가 불성실하다든지, 회사가 중시하는 가치를 경시한다든지, 너무 소신이 강해서 주위와 충돌이 많다든지, 너무 자기 의견이 없다든지 등 과락이 될 만한 약점은 상사나 주위 동료, 구성원들로부터 피드백을 받아 관리하라.

리더의 커리어에는 두 가지 지향점이 있고 이에 따라 전략을 다르게 펼칠 필요가 있다. 하나는 해당 조직에서 최고 위치로 올라가는 데 초점이 맞추어져 있는 지향점이다. 이는 주로 규모가 크고 안정된 소위 전통기업이나 '갑'기업에 있는 리더들이 많이 추구하는 지향점이다. 해당 조직에서 높이 올라가려면 어떤 방식이 유리할까?

1) **스페셜리스트보다는 제너럴리스트가 유리하다.** 특정 업무부서에만 평생 있어서는 책임을 확장하는 데 한계가 있다.
2) 스태프staff의 힘이 강하므로 **비서실, 인사실, 기획실 등의 힘 있는 스태프부서를 잠시라도 거쳐보는 것이 유리하다.** 또한 경영층으로 성장하려면 사업부서 경험이 중요하다.
3) **내부관계, 정치력, 충성심 등이 중요하다.** 얼마나 객관적인 실력이 있는지, 외부에서 얼마나 인정받는지는 그리 중요하지 않다. 오히려 외부활동을 열심히 하고 자기 브랜드를 높이려는 사람들은 충성심을 의심받는다.

또 하나의 지향점은 다양한 기업들로 점프함으로써 자신의 가치와 책임범위를 높이려는 커리어이다. 이는 소위 '을'기업이나 테크 회사들에 속한 리더들이 지향하는 경우가 많다. 이런 조직에서 높이 올라가려면 어떤 방식이 바람직할까?

1) **전문성이 중요하다.** 이것저것 애매하게 하는 리더를 스카우트하려는 기업은 없다.

2) **스태프부서보다는 사업부서가 낫다.** 고객과 직접 대면하는 업무, 직접 수익을 창출하는 부서 근무가 더 유리하다. 물론 스태프부서에 있더라도 명확한 전문성이 있다면 괜찮다.

3) **외부 브랜드와 외부 네트워크가 중요하다.** 외부에서 인정할 만한 실력도 키우고 자신을 알린다. 자신의 브랜드와 네트워크를 만든다.

어느 쪽이 더 낫다고 할 수 없다. 자신의 선택에 달려있다. 이러한 속성을 잘 이해하고 자신의 커리어를 설계할 필요가 있다.

단지, 전자의 커리어를 추구할 때 주의할 점이 있다. 전자의 커리어를 추구하는 분들은 대개 전문성이 약하다. 이에 언제든 대치 가능한 리더가 될 가능성이 높다. 그러므로 최소한 내부에서는 인정받을 만한 전문성을 쌓을 필요가 있다. 또한, 어떤 조직을 맡더라도 성과를 만들 수 있음을 보여줄 수 있도록, 특히 리더십 역량을 강화할 필요가 있다.

후자의 커리어를 추구하는 리더들이 조심할 점은, 아무리 능력이 있어도 언제든 퇴사할 것 같은 모습을 보이는 것은 좋지 않다. 충성심이 약한 리더를 좋아할 회사는 아무데도 없다. 그러므로 최소한 근무할 때는 영원히 있을 것처럼 행동하라.

39장

이직 후 처신의 기술

학위를 받은 뒤 미국에서 직장생활을 하시는 분이 내게 묻는다. "한국회사의 리더로 가는 것에 대해 어떻게 생각하십니까? 주위에 물어보니 가면 기존의 비효율과 텃세를 견디기 어려울 거라고 반대하던데요."

실제로 종종 벌어지는 일이다. 얼마 전 한 대기업에서 국내 플랫폼 기업들과 글로벌사 출신의 리더를 계속 채용하고 있다는 이야기를 들었다. 내부사정을 잘 아는 분에게 그들이 어떻게 지내는지 물어보았더니 대부분의 영입 리더들이 잘 적응을 못한단다. 대체로 그들은 기존 구성원들이 소프트웨어 개발도 못한다고 무시하고 자신이 직접 채용한 인력들과만 함께하여 기존 구성원들의 반발을 사고 있다는 이야기를 들었다.

나는 기업들이 외부 전문가들을 영입하는 것은 매우 바람직하다고 생각한다. 기업은 새로운 기술과 일하는 방식, 혁신사례를 단시간에 흡수할 수 있다. 기존 구성원들의 입장에서도 앞선 사례를 빠르게 흡수하며 학습, 자극과 성장이 이루어질 수 있는 좋은 기회이다.

그럼에도 불구하고 안타깝게도 서로 윈윈하는 모습이 잘 나오지 않는 경우가 많다. 이직한 분들이 잘 적응하고 윈윈하려면 어떻게 해야 할까?

하나, 이동한 기업을 폄하하거나 예전 직장과 비교하지 마라.

어느 기업이든 기존 구성원들이 그렇게 행동하는 것은 이유가 있다. 프로세스나 일하는 방식에 비효율이 있을 수 있다. 그러나 그것 또한 만들어진 이유가 있다. 그런데 외부에서 들어가는 사람이 그것을 '나쁜 것' '잘못된 것'으로 볼 때 문제가 생긴다. "내가 근무했던 회사에서는…" 이런 식으로 비교하면 문제가 생긴다. 틀린 것이 아닌 다른 것으로 봐야 한다.

둘, 기존 구성원들을 개혁대상으로 보면 안 된다.

어느 기업이든 그 회사를 사랑하고 역량있는 구성원 또한 많다. 그들을 함께할 멤버들로 대해야지 개혁대상으로 보면 실패한다. 그들의 과거를 이해하면서 새로운 미래와 새로운 일하는 방식을 보여주고, '함께' 그 미래를 만드는 것이 외부에서 영입된 리더가 할 일이다.

셋, 조직이 클수록 혼자 능력으로 할 수 있는 일이 없다.

조직의 규모가 클수록 혼자의 능력으로 할 수 있는 일이 별로 없다. 많은 커뮤니케이션이 필요하다. 영입된 리더가 아무리 똑똑하고 잘나도 성과를 내려면 타 부서와 협업해야 한다. 이를 위해서는 기존 멤버에게 도움을 받아야 하는데 무시하거나 독불장군처럼 행동하면 실패할 가능성이 높다.

내가 회사를 이직하고 몇 년이 지난 후 임원들과 한 회식시간이었다. 한 임원이 조용히 내게 말했다. "부문장님, 지금까지 외부에서 영입된 임원 중 '우리 회사'라고 하신 분은 부문장님이 처음입니다. 회사 이름을 부르지 '우리' 회사라는 표현을 쓰지 않습니다. 자신은 여기 소속되지 않은 사람처럼 이야기를 하죠." 나는 이 말을 듣고 깜짝 놀랐다. 내가 그렇게 말한다는 걸 의식해본 적이 없기 때문이다. 그러나 기존에 있는 분들은 유심히 듣는다.

결국, 이직한 사람이 새로운 회사에서 동료가 아닌 컨설턴트나 용병의 스탠스를 가지면 실패할 가능성이 높다는 뜻이다. 물론 기존의 분들도 끼리끼리 뭉쳐 영입된 분들을 고립시키면 안 된다. 그들이 잘 적응할 수 있도록 지원해야 한다.

영입된 분들은 대개 새 조직에 들어갈 때 성과에 조급하며 이질적 환경과 사람들 속에 외로움과 차별을 느낀다. 실패하면 양쪽에게 모두 트라우마가 생긴다. 영입되었던 리더는 이후에도 그 회사를 비난하고 다닐 가능성이 높다. 일은 하지 않고 광만 팔며 변화의지가 없으며 위의 눈치나 보는 조직이라고 폄하한다.

영입한 조직의 구성원들도 마찬가지이다. 전문가인 줄 알았는데 혼자 잘난 척하고 이기적이고 편협하며 리더십이 없는 사람이라 판단한다. 외부에서 영입해봤자 쓸데없다는 생각을 하게 된다.

나는 질문한 분에게 위의 답변을 해주었다. 겸손한 분인 듯하여 한국에서 일해도 잘 할 듯했다. 혁신이란 무조건 칼을 휘두른다고 되는 게 아니다. 기존 구성원들과 함께하면서 그들의 마음을 얻어야만 가능하다는 것을 기억해야 한다.

리더의 정치력

많은 리더들이 이런 이야기를 한다. "결국 승진은 '줄'입니다. 실력은 아무 소용이 없습니다."

이 말은 진실일 수도 있고 진실이 아닐 수도 있다. 인사는 결국 사람이 한다. 사람이 평가를 하게 되기에 KPI달성 숫자만 보지 않는다. 평가기준이나 지표 등 여러 가지 객관적인 지표를 기준으로 공정하게 평가하려는 시도들은 증가하지만 결국 누군가 사람이 평가하게 된다.

만일 CEO가 평소 능력있고 괜찮게 본 사람이라면 혹 성과가 좋지 않아도 "환경이 좋지 않아서 그랬지, 누가 그 자리를 맡아도 더 잘할 수 없을 거야."라고 판단할 수 있다. 반면 CEO가 평소 좋지 않게 본 사람이라면 성과가 좋았더라도 "운이 좋았던거지." 또는 "직원들을 괴롭혀서 나온 성과 아니야?" 등으로 폄하할 수 있다.

이러한 현상은 기업의 규모와 문화에 따라 다르다. 극단적으로 정치적인 조직이 있고 비교적 덜 정치적인 조직이 있다. 대개 극단적으로 정치적인 조직은 개개인의 능력과 성과가 회사의 전체적 성과가 연관 짓기 어려운 경우에 많이 발생한다. 무엇이 성과인지 규정하기 어렵고, 능력있는 사람이 하거나 능력 없는 사람이 하거나 성과 차이가 별로 없는 업종이나 조직의 경우 능력주의가 자리 잡기 어렵다. 이런 곳의 평가는 어쩔 수 없이 관계나 인맥의 요소로 결정된다. 반면, 극단적 성과주의 조직은 어떠할까? 이런 조직은 개개인의 성과가 명확하게 정의되는 조직이다. 보험 세일즈 조직 같은 곳이 예일 것이다.

그러나 대부분의 조직은 두 극단 중간 어디쯤 있다. 극단적으로 정치적인 조직도 극단적인 개인 성과주의적인 조직도 아니고 두 가지가 적절히 섞여 있다. 그러므로 리더들은 자신이 맡은 조직의 성과에 최선을 다해야 하지만 정치적인 역학도 어느 정도 고려해야 한다. 아무래도 힘이 세고 오래가는 상사에게 인정받는다는 것은 승진에 있어 큰 디딤돌이 되기 때문이다.

리더는 어느 정도의 정치력을 발휘해야 할까? 이에 대한 정답은 없다. 그 사람의 성향과 선호에 따라 매우 달라진다. 사람의 성향 자체가 이러한 정치적 플레이에 능숙한 사람들이 있다. 자기 사람들을 곳곳에 만들어 정보를 취합하고 그 사람들을 이끌어준다. 그리고 튼튼한 동아줄을 발견하여 그 동아줄을 잘 갈아탄다. 나도 직장생활을 하면서 이런 분들을 보기도 했다.

그러나 당신이 이러한 성향과 능력이 부족하다면 어떻게 할까? 아예 무시하고 실력과 성과로만 보여줄 것인가? 당신이 엄청난 실력자이고 매년 뛰어난 성과를 낸다면 생존하고 승진할 수 있을 것이다. 그러나 성과에 대한 평가에는 여러 요소가 복합된다고 앞에서 말한 바 있다. 게다가 항상 훌륭한 성과를 내기도 어렵다. 단 한번 실수할 경우 당신을 지켜주는 사람이 없으면 당신은 나락에 떨어질 수 있다. 그러므로 순수하게 실력과 성과로만 승부한다는 생각은 바람직하지 못하다.

그렇다면 정치에 능숙한 사람처럼 행동할 것인가? 자신이 그런 방면에 능력이 없으면 쉬운 일이 아니다. 자신의 성과를 잘 포장하고, 자신의 인맥을 잘 만들어 정보를 취합하고, 상사에게 충성된 모습을 보이며 가려운 부분을 잘 긁어주는 것 또한 대단한 능력이고 아무나 할 수 없다. 어중간하게 흉내 내려다가 오히려 역효과가 날 수 있다.

그러면 어떻게 할 것인가? 당신이 정치력이 약하고 그 분야의 능력이 부족한 사람이라면 기본적으로 정치력이 크게 요구되는 회사나 조직에 가지 않는 것이 좋다. 그런 조직에 가면 치인다. 많은 유능한 전문가들이 이러한 상황을 모르고 정치가 강한 조직으로 이직한다. 해당 조직에서는 잠시 외부의 전문가가 필요한 이유나 혁신의 이유로 전문가를 채용한다. 정치력이 없는 분들이 이러한 조직에 들어가면 살아남기 어렵다. CEO가 힘을 실어주고 성과가 좋을 때까지는 기존의 동료들이 가만히 있지만, CEO의 총애가 사라지는 듯한 모습을 보는 순간 태도가 달라진다. 그러므로 아예 이러한 환경에 가지 않는 것이 상책이다.

그런데 어쩔 수 없이 이러한 환경에 가게 되었다면 어떻게 할까? 또는 적당하게 정치력이 필요한 환경에 들어갔다면 어떻게 할 것인가?

첫째, 주위 사람들에게 상처 주는 행동을 하지 않도록 조심해야 한다. 당신이 더 똑똑하고 당신의 의견이 더 나을지라도 많은 사람들 앞에서 창피를 당하면 상대가 복수의 칼을 갈고 있을 수 있다. 물론 회사의 문화 자체가 어떤 의견이든 자유롭게 말할 수 있는 문화의 곳이라면 괜찮을지 모른다. 그러나 일반적인 회사의 경우 이러한 태도는 매우 위험하다.

둘째, 너무 가깝지도 너무 멀지도 않게 대하라. 너무 가까이 하면서 자신의 속내를 털어놓고 시간을 함께 보낸다고 해서 가까워지지 않는다. 신뢰라는 것은 한순간에 쌓이지 않는다. 먼저 찾아가고 협력하고 잘된 일은 나누되 너무 가까이 할 필요는 없다. 특히 외부에서 온 리더들은 굳이 기존의 리더들과 너무 가까이 하려 할 필요가 없다. 어차피 가까이 해도 가까워지지도 않는다. 많은 말을 하다 보면 실수만 생길 뿐이다.

셋째, '상사'와 '상사의 상사' 둘 다 중요하지만 자신을 가장 지켜줄 사람은 상사이다. 따라서 상사에게는 겸손하고 충성된 모습을 보이는 것이 좋다. 상사가 성공할 수 있도록 지원하라. 상사보다 더 똑똑한 모습을 보이거나 상사를 넘어서려는 모습을 보이지 마라. 공이 있으면 상사에게 돌리라. 상사뿐 아니라 '상사의 상사'도 당신의 이름을 기억하고, 좋은 인상을 가질 수 있도록 발표나 보고의 기회를 잘 활용해야 한다.

누구에게 줄을 대거나 그 서클 안으로 들어가려면 세심한 주의가 필요하다. 그러나 당신이 기본적으로 실력이 별로 없어 스스로의 힘으로는 더 승진할 가능성이 높지 않다면, 누군가의 인맥 안으로 들어가서 그의 라인에 서는 것도 하나의 방법이다.

그러나 당신이 누군가의 라인으로 분류되는 것은 위험한 상황임을 기억해라. 물론 오너의 라인에 설 수만 있다면 그 라인에 서야 한다. 그러나 대게 그 외 라인들은 현재 아무리 힘이 있어 보여도 오래가지 못한다. 정치력이 뛰어난 사람들은 라인이 무너져도 적절하게 동아줄을 갈아타지만 그런 능력이 없는 사람이 어중간하게 라인을 탔다가는 이것도 저것도 되지 않는다.

분명한 것은 정치력도 실력이라는 것이다. 이러한 정치력이 매우 중요한 조직이 있고 덜 중요한 조직이 있다. 비록 정치력에 재능과 성격이 없다고 해도 기본적인 관계에 대한 능력을 갖출 필요가 있다.

최상의 답은 없지만 이러한 상황을 인식하라. 정치력이 부족한 사람들에게 가장 중요한 것은 '좋은 평판'이다. 구성원들로부터의 존경, 주위 사람들의 저 사람은 능력 있고 진정성 있다는 평판이 그나마 자신을 지켜줄 수 있음을 기억하시라.

41장

상사 관리의 기술

"상사를 어떻게 대해야 하나요?", "특히 힘들게 하는 상사를 어떻게 대해야 하나요?" 직장인들로부터 가장 자주 받는 질문 중 하나다.

커리어 성공 여부의 반 이상은 상사에게 달렸다고 해도 과언이 아니다. 다행히도 파워도 있고 똑똑하고 리더십도 뛰어난 상사를 만난다면 커리어가 잘 풀릴 수 있지만 그렇지 못한 상사를 만나면 고생은 고생대로 하면서도 미래가 잘 풀리지 않을 위험이 있다.

리더는 상사를 어떤 관점으로 보면 좋을까? 주종의 관점으로 보는 것은 과거 방식이다. 그러나 아직 파트너 관계로 보기에는 수직적 영향력을 무시할 수 없다. 이에 상사를 고객처럼 보며 상사도 관리의 대상으로 생각할 필요가 있다.

상사에게 휘둘리지 않으면서도 또 상사와 좋은 관계를 맺고 인정받으려면 어떻게 해야 할까?

첫째, 상사의 성격과 업무 스타일을 이해하라. 내향적인 상사와 외향적인 상사의 욕구와 성향은 매우 다르다. 주도적인 상사, 활발한 상사, 꼼꼼한 상사, 조화를 중시하는 상사 등 상사의 업무 유형도 다양하다. 주도적인 상사는 자신이 모든 것을 주도하며 업무 성과에 초점을 맞춘다. 활발한 상사는 에너지가 넘치고 낙관적이며 사람을 좋아한다. 꼼꼼한 상사는 논리적이고 체계적이며 분석적이다. 조화를 중시하는 상사는 안정과 조화를 중요시한다. 각각의 유형에 따라 대응하는 전략이 다르다. 당신은 상사의 성향과 일하는 스타일을 바꿀 수 없다는 것을 명심하라. 상사의 성향과 스타일을 이해하고 그에 맞는 대응전략을 세워 상사를 관리하는 것이 최선의 방법이다.

예를 들어, 마이크로 매니징을 하고 꼼꼼한 상사에게는 상사가 묻기 전에 먼저 보고하는 것이 좋다. 자주 보고하고 자세한 것까지 보고하라. 이런 유형의 상사는 안심이 될수록 간섭은 줄어든다. 큰 것만 보거나 방치하는 상사가 있다. 이런 상사에게는 질문을 한다. 이런 상사는 평소에 별 말이 없거나 칭찬하거나 돌려서 말하다가 평가를 냉정하게 준다든지 갑자기 책임을 추궁하거나 당황하게 하기도 한다. 그러므로 업무지시의 목표와 기대가 무엇인지를 물어라. 적극적으로 피드백을 요청하라.

상사의 의사소통 방식과 업무 스타일도 다르기에 이에 맞출 필요가 있다. 전화를 좋아하면 전화로, 메일을 좋아하면 메일로, 대면보고를 좋아하면 대면으로 보고하는 것이 좋다.

둘째, 상사의 관심과 이해를 파악하고 조직의 성과를 상사의 관점에서 표현하라. 상사 또한 성과를 내고 싶어하고 자신의 성과를 표현하며 인정받고 싶어한다. 이러한 상사의 관심을 파악할 필요가 있다. 당신의 성과를 상사의 성과와 연계^{align}시킨다. 상사의 관점에서 어떤 성과를 필요로 할까, 상사는 고위상사에게 어떤 부분을 어필하고 싶을까를 생각하고 이를 자신의 부서의 성과와 연결시킨다. 이때 선제적으로 움직인다. 상사가 시키는 것만 해서는 상사에게 인정받기 어렵다. 물론 충성된 이행자로서의 역할을 원하는 상사도 간혹 있다. 생각은 자신이 하고 이행만을 원하는 상사도 있다. 이런 상사를 둔다면 이렇게 해도 괜찮다. 그러나 일반적인 상사라면 이런 방식은 그리 큰 효과가 없다. 물론 시키는 일은 잘해야 한다. 그러나 자신이 선제적으로 추진하여 성과를 내고 그것이 상사의 성과와 연결되게 하는 활동이 필요하다.

상사가 어떤 유형이든 당신이 맡은 일을 성공시키고 훌륭한 성과를 낸다면 환영받는다. 그것이 상사의 성과와 완전히 연결된다면 더더욱 그러하다. 대신 이러한 일의 진행과 성과를 어필할 필요가 있다. 아무리 훌륭한 성과라도 상사가 잘 모른다면 상사도 이를 활용하기 어렵고 당신도 인정받기 어렵다.

당신이 책임지는 프로젝트가 실패할 것 같거나 중대한 위기에 처한다면 어떨까? 빨리 알리는 것이 좋다. 자신이 감당하겠다고 하다가 위험이 더 커지면 이는 당신이나 상사 모두 어려움을 겪을 수 있다. 빠르게 도움을 요청해서 상사의 힘으로 해결될 수 있도록 해야 한다. 단지, 문제를 보고할 경우에는 대안에 대해서도 최대한 고민하여 같이 제시할 필요가 있다.

셋째, 상사와 친밀감을 쌓아가고 충성된 모습을 보여야 한다. 물론 연기가 아니라 진정성으로 그러한 것이 필요하다. 임원이나 CEO도 다 사람인 이상 객관적이고 중립적이기 어렵다. 결국, 자신이 더 많이 만난 사람, 자신에게 충성된 사람을 더 선호하게 되어 있다. 자신을 배신할 우려가 있는 사람을 좋아할 상사는 없다. 사사건건 자신의 의견에 토를 다는 사람을 좋아할 상사는 없다. 이에 기본적으로 신뢰와 충성의 모습을 보여야 한다. 선제적인 아이디어를 제안하고 이를 성공시키고 공은 상사에게 돌려라. 상사와의 신뢰 구축은 오래 걸리지만 무너지는 것은 한순간이다. 절대 동료들과 상사 뒷담화를 하지 마라.

상사와 의견이 다를 경우는 어떻게 할까? 대개의 상사는 논리적으로 다른 의견을 피력하는 것에 대해서 환영한다. 그러나 분명한 것은 최종결론은 상사의 것임을 명심할 필요가 있다. 결론이 나면 그 결론을 따른다. 이후 불평 불만을 늘어놓는 것은 신뢰를 형성하는 데 도움이 되지 않는다.

"소시오패스 같은 상사는 어떻게 대하나요?"라는 질문도 받는다. 통계상 고위임원들의 5퍼센트 정도는 소시오패스라고 하는데, 공감이 부족하고 양심의 가책이 없고 두려움이 없다. 자기와 자기 성과 외에는 관심이 없다. 옷차림도 멋지고 예의도 아주 바르지만 마음에 우러난 배려나 공감이 없고, 상대의 마음을 아프게 해놓고도 마음의 가책이 없다. 이런 분들을 만날 가능성은 높진 않다. 상사들이 다들 사이코패스처럼 보이지만 실제는 그저 강한 척하는 여린 보통사람들이 대부분이다.

그러나 가끔 진짜 소시오패스가 있다. 《하버드 비즈니스 리뷰 Harvard Business Review》는 이들을 대하는 법에 대해 이렇게 말한다. 하나, 그들이 항상 당신을 이용하려 한다는 것을 이해하라. 둘, 그들과 경쟁하거나 이기거나 교화시킬 생각은 하지 마라. 그저 윈윈 상황을 만들어라. 사이코패스는 항상 이기려 한다. 그가 이기게 해주면서 당신도 이기는 상황을 만들어라. 피터 드러커가 이런 말을 했다고 한다. "상사를 좋아하거나 존경하거나 미워할 필요가 없다. 다만 그를 적절하게 관리해서 상사가 당신의 성과, 목표, 성공에 도움이 되게 할 필요가 있다."

많은 직원들이 상사를 과도하게 신뢰하고 존경하거나 또는 과도하게 실망하고 비난한다. 그들로 인해 스트레스를 받고 병에 걸리기도 한다. 상사는 가족이 아니다. 그들을 나와 동일하게 존중받을 그리고 나약한 인간으로 본다.

상사들은 독심술사도, 천리안도 아니다. 우리가 말하지 않은 것을 스스로 알아서 인정해주고 챙겨줄 재주는 없다. 그들이 보고를 요구하기 전에 먼저 선제적으로 보고하고 수시로 정보를 제공해라. 자신의 성과 또한 먼저 소통하라. 다시 한번 정리하거니와 상사를 너무 멀리도 너무 가까이도 하지 말라. 신뢰를 얻어라. '고객'을 대하듯 하라.

42장

상사의 상사를 대하는 기술

조직의 리더들은 상사뿐 아니라 상사의 상사를 대하는 법을 익혀야 한다. 대부분의 파격적 의사결정은 '상사'가 아니라 '상사의 상사'에 의해 이루어진다. 나도 지난 직장생활을 돌이켜보면 대부분의 파격적인 발탁은 '상사'보다는 '상사의 상사'에 의해 이루어졌다.

대기업에서 차장 시절, 상사의 상사인 본부장의 눈에 띄여 부장들을 물리치고 파트장으로 선임이 되었던 경험이 있다. 수많은 초급 임원 중 하나였던 시절, CEO의 눈에 띄어 그룹사의 CEO로 발령받은 적도 있다.

그 이유는 대개의 인사의 의사결정은 2단계 위에서 이루어지기 때문이다. 대개 상사가 숏리스트^{shortlist}를 추천하고 상사의 상사가 그중에서 선택하는 방식으로 이루어진다. 그러므로 상사뿐 아니라 상사의 상사에게도 자신의 존재와 성과를 긍정적으로 표현하는 것이 필요하다. CEO 또는 상사의 상사가 인정한다면 탄탄대로일 수 있다. 상사의 상사에게 또한 자신을 잘 어필하는 방법은 유사하다.

상사의 상사의 관점에서 아젠다를 제시할 필요가 있다. CEO나 상사의 상사 산하에 많은 리더들이 있다. 조직의 규모가 크면 클수록 그 수는 많다. 이러한 가운데 눈에 띄려면 자주 만나든지 아니면 그가 추진하는 아젠다를 성공적으로 제안하고 수행할 필요가 있다. 실제 직접적인 매출을 창출하는 현업부서들보다 본사에 있는 지원부서의 리더들이 승진이 더 잘되는 이유는 단순하다. CEO와의 만남 기회가 많기 때문이다. 많이 보게 되면 영향을 받게 된다. 물론 많이 만나는데 멍청한 모습을 계속 보인다면 아예 만나지 않는 것이 더 나을 것이다. 그러나 특별하게 문제가 없다면 많이 만날수록 유리하다.

그러나 대부분의 리더들은 CEO를 만날 기회가 많지 않을 것이다. 그러므로 만남의 기회를 잘 활용해야 한다. 자신의 이름과 얼굴이 기억날 수 있는 좋은 인상을 심어주는 것이 필요하다.

보고 기회가 있을 때 프로페셔널하고 똑똑한 모습을 보일 필요가 있다. 상사가 상사의 상사에게 당신을 적극적으로 추천한다면 최상이다.

이때 주의할 것은 상사와 상사의 상사의 관계이다. 너무 야심찬 리더들이 하는 실수이다. 자신의 똑똑함과 성과를 상사의 상사에게 너무 어필해서 상사를 뛰어넘으려 하는 것이다. 성과를 상사에게 돌리지 않고 자신의 성과임을 어필한다. 상사의 상사와 별도 채널을 구축하여 직보한다. 간혹 노련한 CEO나 고위경영자들은 직속 리더를 거치지 않고 직접 연락을 하거나 의견을 듣는다. 이때 이를 오해하고 착각하는 리더가 있다. CEO가 자신에게 특별한 관심이 있다고 생각하여 상사에게 이러한 상황을 공유하지 않는다. 몰래 상사의 상사나 CEO와 채널을 유지하고 싶어한다.

물론 상사의 상사가 산하 리더를 신뢰하지 않는다든지 마음이 떠난 경우에는 이러한 방식이 효과가 있을 수 있다. 그러나 그러한 상황이 아니라면 매우 위험한 행동이다. 상사의 상사와 직접 커뮤니케이션하고 그 내용을 자신이 모르고 있다는 것을 좋아할 상사는 아무도 없다. 상사는 당연히 의심하게 되고 관계는 위험해진다.

나도 이런 경험이 있다. 한 그룹에 있었을 때 CEO가 나를 총애하셨다. 이에 내게 별도 연락을 자주 하셨다. 한두 번은 나의 상사에게 이야기를 했지만 이후에 건건이 보고하지 않았다. 상사는 CEO가 나를 좋게 보고 있다는 것을 알고 있었다. 이에 내게도 항상 조심하며 대했다. 그런데 상사는 CEO가 바뀌자 곧 나를 간섭하고 마이크로 매니징하기 시작했다.

상사의 상사뿐 아니라 동료 리더들과의 관계도 유사하다. 한 후배가 있다. 그는 한 금융사에 외부전문가 임원으로 영입되었다. CEO가 직접 힘을 실어주고 혁신을 요청했다. 그러자 그는 다른 부서들의 수준과 취약점들을 해당 부서의 임원들과 상의도 없이 그대로 CEO에게 드러냈다. CEO는 그를 칭찬하고 다른 부서 임원들을 책망했다. CEO의 신임이 컸고 그는 이러한 신임에 의지하여 많은 변화를 시도했다. 그러나 다른 부서 임원들은 그를 멀리하기 시작했다. 제대로 된 정보 또한 제공하지 않았다. 이후 CEO가 변경되자 어떤 상황이 되었을까? 그의 이름은 퇴임자 명단의 맨 위에 오르게 되었다.

그러므로 처신을 잘해야 한다. 오랫동안 산전수전 겪어온 리더들은 이를 잘 알고 있다. 이들은 상사에게 항상 변치 않고 충성하는 모습을 보인다. 상사나 동료 리더들이 오해하지 않도록 주의한다. 상사의 상사가 큰 힘이 있지만 언제든 바뀔 수 있음을 인식하고 있다. 이에 누구에게도 적이 되지 않으려 한다. 이와 같은 상황에서도 즉각적으로 **상사와 소통한다.** 물론 이러한 태도가 조직의 혁신에 큰 걸림

돌이 되기도 한다. 그러나 외부에서 영입된 임원들이라든지 과도하게 자신을 드러내고자 하는 리더들, 특별히 총애를 받고 있다고 착각하는 리더들은 이런 실수를 많이 한다. 의기양양하다가 어려움을 겪는 경우가 많다. 그러므로 상사의 상사 그리고 동료 리더들 또한 사려 깊게 대해야 할 필요가 있다.

43장

리더는 모든 사람에게
사랑받을 수 없다

가끔 리더들이 내게 이런 질문을 한다. "왜 저는 구성원들을 잘 대해주는데 모든 구성원들이 저를 좋아하지 않을까요?" "주위의 모든 구성원들에게 사랑받고 인정받고 싶어요."

이러한 질문에 대해 서울대병원 정신건강의학과 윤대현 교수의 말을 인용해 대답하고자 한다. "주위에 10명의 사람이 있다면, 일반적으로 2명은 나를 싫어하고, 1명은 나를 매우 좋아하며, 7명은 별 관심이 없습니다. 특별한 이유가 있어서 나를 싫어하는 경우도 있지만, 특별한 이유 없이도 그러한 경우도 많습니다. 우리도 다른 이에게 그러하지 않나요? 모든 사람에게 사랑받을 수 있다는 것은 착각입니다. 미움 받을 수 있음이 당연하다고 생각하고 받아들이십시오."

가끔 변화와 혁신을 시도하는 리더들이 소수 구성원들의 불만 때문에 속이 상하고 의지가 꺾여 내게 상담을 요청하는 경우가 있다. 여러 사람들이 지지함에도 불구하고 그 소수로 인해 아예 포기하고 싶은 마음까지 든다는 것이다. 사실은 나도 그러하다. 그런데 그 근본에는 모두에게 지지받고 사랑받으려는 욕구가 있다.

어떤 혁신이 정말 중요하다고 여겨도 일반적으로 조직의 모든 구성원들이 동시에 그것을 따르지는 않는다. 아무리 훌륭한 어젠다를 제시해도 초기에는 대개 20%는 따르고, 20%는 반대하며, 60%는 중간지대에 있다.

나는 이를 20:60:20의 법칙이라 말한다. 어떤 변화와 혁신을 추진하고자 하면 구성원들 중 20% 정도는 적극적으로 함께 하고자 한다. 구성원들 중 성장의 욕구와 혁신의 욕구를 가진 사람들이 분명히 있다. 이들은 강하게 변화하고 성장하고 싶어한다. 이런 구성원들은 기업문화에 따라 다르지만 20%정도이다. 이들은 리더의 든든한 지원자가 된다. 리더는 이들을 격려하고 자신의 역량을 마음껏 발휘하게 도울 필요가 있다. 인정하고 보상을 아끼지 않음으로써 강력한 우군을 만든다.

반면 20%는 이러한 변화에 저항한다. 성향상 그러할 수도 있고, 몰라서일 수도 있고, 업무에 대한 가치나 태도 때문일 수도 있다. 변화와 혁신이 이루어지면 기존 업무 외에 일을 더 해야 한다. 업무부담이 늘어난다. 이들은 이것을 싫어한다. 물론 드러내놓고 반대하지는 않는다. 소극적으로 혼자 불만을 가진 사람들도 있고 익명게시판 등에 표현하는 사람들도 있다.

나머지 60%는 중간지대이다. 이들은 상황에 따라 적극적인 20%에 동참할 수도 있고 소극적인 20%를 따라갈 수도 있다. 그러므로 혁신은 이 60%에 달려 있다. 이 60%가 리더의 혁신에 긍정적 지지와 참여를 하게 되면 변화는 가속화되고 조직 전체의 분위기는 긍정과 아자 아자 모드로 바뀐다. 이들이 적극적일 필요까지도 없다. 그저 약간만 함께해도 괜찮다. 이럴 경우 부정적인 20%의 말은 묻히게 된다.

그러나 불행히도 이 60%가 부정적인 방향으로 돌아서면 문제가 생긴다. 변화가 추진되기 어려우며 적극적 불만자들인 20%는 더 힘을 받는다. 부정적인 기운이 조직 전체를 휩쓸게 된다. 결국 혁신은 실패하고 혁신하려 하고 열심을 품었던 리더들은 전사하게 된다.

그러므로 리더는 변화와 혁신에 성공하려면 중간의 60%가 긍정 모드로 전환하도록 해야 한다. 어떻게 해야 할까?

첫째, 대의명분, 목표와 전략을 분명히 한다. 목표와 대의명분이 명확하면 누구도 시비 걸지 못한다. 대의명분이 없고 목표도 전략도 분명하지 못하면 지지를 얻지 못한다. "리더가 제시하는 비전과 전략을 들으니 공감이 된다. 우리가 열심히 함께하면 뭔가 변화도 일어나고 우리도 이기고 큰 보상을 받을 것 같다."라는 반응이 나와야 한다.

둘째, 리더의 진정성을 보여야 한다. 리더가 진정 회사와 우리 조직을 위해 이것을 추진하려는지, 아니면 사욕 때문인지, 잠시 진행하다가 말 것인지 아니면 의지가 분명한지를 직원들은 관찰한다. 리더가 조금 하다가 지치거나 바꾼다면 구성원들이 따르지 않는다. 리더가 자신의 유익만을 위해서 이러한 일을 한다고 생각하면 이 또한 구성원들이 따르지 않는다. 그러므로 리더는 진정으로 변화를 설파하고 자신이 이 변화에 선봉에 나서야 한다. 불행히도 구성원들은 하루아침에 리더의 진정성을 받아들이지 않는다. 꾸준히 2~3년은 지속해야 진정성을 받아들인다.

셋째, 지속적으로 소통하고 작은 성공사례들을 통해 적극적인 20%에 동화되도록 돕는다. 그들과 꾸준히 소통하면서 진정성을 보여주고 혁신의 필요성을 이야기해야 한다. 그들의 허들과 고충도 들어주면서 같이 돌파할 수 있다는 용기를 준다. 거부하는 많은 이들이 싫어서 거부하는 경우도 있지만 해보지 않아서, 몰라서, 실패할까 두려워서 거부하는 경우가 더 많다. 적극적인 20%와 팀을 만들어주고, 그들이 작은 성공을 쌓을 수 있도록 돕는다. 이러한 노력을 통해 중간의 60%가 약간의 긍정성을 가지고 앞선 20%에 동참하도록 해야 한다. 이렇게 되면 발목을 잡는 사람들이 있을지라도 그 힘은 약해진다.

그럼에도 불구하고 리더는 미움을 받을 수밖에 없다. 혁신하려는 사람이 미움받지 않는다는 것은 있을 수 없다. 그렇다고 파리가 무서워서 창문을 열지 않고 닫아놓을 수만은 없다. 하나님의 아들이라고 하는 예수조차도 12명의 제자 중 한 명이 배신하고 수제자는 그를 모른다고 부인했다. 평범한 리더들은 어떠하겠는가! 미움받을 용기가 필요하고 멘탈이 단단해야 한다.

44장

부드러움과 강함을 적절히 사용하라

춘추전국시대 송宋 나라의 재상 자한子罕은 왕에게 말했다. "칭찬하고 상을 내리는 것은 백성들이 좋아합니다. 군주께서는 늘 존경을 받으셔야 하니 이것만 하십시오. 벌을 내리는 것은 다들 싫어합니다. 그런 일은 제가 처리하겠습니다."

이에 왕이 기뻐하고 자한에게 그 일을 맡겼다. 당연히 자한의 악명은 높아졌다. 그런데 흥미롭게도 백성들과 신하들은 왕이 아닌 자한을 두려워하고 자한을 따르기 시작했다. 결국, 자한의 권력은 점점 강해졌고 이를 기반으로 왕을 몰아내었다.

나는 이 책에서 주로 리더들의 진정성, 공감, 소통 등을 강조했다. 그러나 이 말은 리더가 마냥 '착한 사람', '좋은 사람'이 되어야 한다는 의미가 아니다. 착하고 좋은 사람을 추구하는 리더는 대개 모두를 기쁘게 하려 한다. 구성원들이 불편하더라도 솔직한 피드백을 주기보다는 좋은 말만 하려 한다. 미움 받기를 두려워한다. 성과 달성보다 구성원들의 감정에 과도하게 예민하다. 물론 대부분의 사람들은 이러한 착하고 좋은 리더를 좋아하지만 반드시 그렇지는 않다. 셈이 빠르고 정치력이 강한 사람들은 착한 리더를 '호구'로 여기는 경우도 종종 있다.

위의 고사에 나오는 자한과 왕의 사례에서 볼 수 있듯이, 계산이 빠르고 정치적인 부하들은 착한 상사를 이용하기도 하고, 동료나 상사들은 그를 희생양으로 쓰기도 한다. 그저 착하고 좋은 리더는 구성원들을 신경 쓰느라 구성원들을 제대로 훈련을 시키거나, 성과를 창출하지 못하는 경우도 많다. 동료와 상사 사이에서 자기 조직의 필요와 성과를 제대로 어필하지 못해서 조직을 저평가받게 하는 경우도 종종 발생한다.

나 또한 이런 리더들을 본 적이 있다. 한 기업에서 한 리더가 있었다. 이 리더는 참 착하고 인격이 훌륭했다. 화를 내지도 않고 항상 구성원들을 배려했다. 해당 리더는 IT운영을 맡았는데 장애가 종종 발생했다. 그런데 장애들이 제대로 해결되지 못하고 반복되었다. 그때마다 그 리더는 상사에게 질책 당하고 사죄하였지만 직원들에게는 화를 내지도 않았다. 그리고 대응책들을 직원들에게 맡기고 고생했다는 칭찬만 할 뿐 세부적으로 참견하지 않았다. 대부분의 직원들은 그를 인간적으로 매우 좋아했지만, 장애가 나도 그리 심각하게 여기지 않았다는 것이 문제였다. 당연히 그 부서의 평가는 저조했고 그는 물러났다.

그의 후임으로 강한 성격의 리더가 들어왔다. 장애가 나자 그는 불같이 화를 내고 관련된 모든 직원들, 파트너사 직원들을 모았다. 그리고 문제점과 대응책을 하나하나 보고 받고 관리했다. 이러자 문제가 하나씩 해결되기 시작했고 해당 부서의 평가 또한 좋아졌다. 물론 그 리더는 강하게 푸쉬한 만큼, 개인적으로는 직원들을 불러서 격려해주고, 성과가 나자 해당 직원들을 승진시키기 위해 자신의 상사에게 어필하는 등 노력을 병행했다.

나는 최고의 자리에 오른 리더들을 많이 보았지만 그저 착한 사람, 좋은 사람은 없다고 해도 과언이 아니다. 조직을 잘 다루는 사람들은 공통적으로 '강함'과 '부드러움'을 잘 조합한다. 사람마다 섞는 비율이 약간씩 다를 뿐 절대 '강함'을 놓지 않는다. 썩은 사과에 대해 단호하지 않으면 모든 사과를 썩게 만들 수 있고, 두려움이 없으면 함부로 선을 넘는 이들이 나타난다는 것을 잘 알기 때문이다.

그래서 이들은 평소에는 부드러워 보이지만 필요할 때는 매우 강하다. 상황에 따라서 매우 솔직한 피드백을 제공하고 강하게 지시한다. 잘못에 대해서는 크게 혼을 내어 해당 문제가 심각한 것임을 각인시키기도 한다. 일에 있어서 자신을 타인과 사적으로 섞지 않고 경계를 설정한다. 사람을 배려하지만 성과 지향적이다. 다른 강자들 사이에서도 자신의 조직을 어필하고 배짱을 가지고 대한다. 미움 받을 용기를 감수한다.

그럼에도 불구하고 따스함과 공감으로 구성원들을 포용하고, 자신은 혼을 내더라도 다른 사람들이 혼내는 것은 방어해준다. 구성원들의 역량과 성과를 주위에 어필하고 이들을 보상받게 하고 승진시키도록 하는 데 게으르지 않는다.

당연히 '나쁜 리더'는 지속되기 어렵다. 그러나 그저 '착한 리더' 또한 성공하기 어렵다. 강함 가운데 부드러움이, 부드러움 가운데 강함이 필요하다. 약자에게는 약하지만, 강자에게는 강한 강단도 때로 필요하다. 조직을 하나로 만들어 좋은 성과를 내려면, 리더들은 부드러움과 강함, 이 두 가지를 적절하게 사용하는 법을 익혀야 한다.

45장

특권은 역할에 잠시 주어질 뿐이다

얼마 전 미국에서 직장생활을 하다가 한국 대기업에서 몇년간 임원을 한 후 다시 미국에 돌아가서 일하고 계신 분을 만났다. 한국 기업의 특성에 대해 외부인의 시각으로 들을 수 있었기에 흥미로운 부분이 있었다.

그분이 대기업 임원생활을 마치고 나오면서 스스로 깜짝 놀란 것이 있다고 했다. 자신이 오염spoil되었음을 깨달았다는 것이다. 그는 임원으로서 사무실, 비서, 차량, 비즈니스 클래스, 사택 등 다양한 혜택을 받았다. 수평적 환경에서 일했던 그는 처음에는 이를 매우 불편하게 여겼다. 그러나 몇 년 생활을 하다 보니 그것에 익숙해져서 막상 없어지니 아쉽고 허탈하고 나아가 한 해라도 더 누리려 집착하는 자신의 모습을 발견하며 놀랐다고 한다. 전문성을 더 쌓고 일을 즐기기보다 관리하며 특권을 누리는 모습으로 자신이 오염되는 것을 느꼈다고 한다. 그렇게 지내다가는 정말 나오면 경쟁력이 사라지겠다는 생각이 들었다고 한다.

특권을 누리고 누구에겐가 섬김을 당하는 것을 처음에는 불편하게 느끼기도 하지만 자신도 모르게 어느새 그것을 당연시 여기게 된다. 그러다 보면 스스로 실력을 쌓기보다 안주하게 되고 그 특권을 지속하고자 한다. 결국 경쟁력이 약해지고 그 자리에서 나왔을 때 전문성을 가지고 다른 일을 할 수 있는 분들은 많지 않다.

내 전작 《일의 격》에도 썼지만 미국 전직 국방차관의 이야기가 기억난다. 그는 한 컨퍼런스에서 연설을 하게 되었다. 연단에 서서 자신이 가져온 스티로폼 컵에 담긴 커피를 마시며 이런 말을 했다.

"제가 작년에도 이 자리에서 연설을 했습니다. 작년에는 차관이었죠. 비즈니스석을 타고 내리자 공항에서 리무진이 대기하고 있었습니다. 최고급 호텔로 안내되었고 오자마자 이미 체크인이 되어 있었습니다. 연설을 위한 별도의 대기실을 안내 받았고 거기에는 멋진 찻잔에 담긴 최고급 커피가 있었죠. 그런데 이번에는 제 돈을 내고 이코노미를 타고 왔습니다. 아무도 맞아주지 않았죠. 택시를 타고 직접 체크인을 했습니다. 발표장에서 커피가 어디 있냐고 물으니 벽쪽 커피 기계를 가리키더군요. 이에 스티로폼 컵에 커피를 따라서 이 자리에 섰습니다.

이에 깨달았습니다. 작년에 준 찻잔은 내게 주는 것이 아니었구나. 내 '지위'에 주는 것이었구나. 나는 '스티로폼이 마땅한 사람'이었구나. 여러분! 지위에 따라 주는 특권은 여러분들에게 주는 것이 아닙니다. 여러분의 '역할'에 주는 것입니다. 여러분이 그 역할을 떠나면 당신을 대체하는 사람에게 멋진 찻잔을 내밀 겁니다. 착각하지 마십시오."

한 지인에게서 유명했던 S그룹의 부회장님 이야기를 들었다. 그분과 30분 스케줄이라도 잡으려면 한두 달은 예사로 기다려야 했다고 한다. 그런데 그분이 퇴임하시고 고문으로 옮기게 되었다. 이때 이 지인분이 비서에게 연락해서 조심스럽게 한달 뒤쯤이나 약속을 잡을 수 있는지 물었다고 한다. 그러자 비서가 "다음 주도 다 비어있습니다."라고 대답했다는 것이다. 현직이냐 퇴직이냐를 기점으로 수많은 스케줄이 밀물같이 왔다가 썰물처럼 사라지는 것이다. 평소 만나자고 했던 수많은 사람들 또한 한순간에 사라진다. 사람들은 권력자 자체를 존경하는 것이 아니다. 그가 가진 직위나 직책에 머리를 숙일 뿐이다. 그러므로 직위와 직책이 사라지는 순간 이와 관계된 관계 또한 같이 사라지는 것이다.

　그러므로 리더에게 주어지는 특권이나 상하관계는 그 사람이 아닌 그 사람의 '자리' 즉, '역할'에 부여하는 것일 뿐이다. 그 사람이 그 '역할'에서 내려오면 특권은 동시에 사라진다. 자신에게 부여된 특권과 권력이 마치 당연한 것처럼, 영원할 것처럼, 자신이 잘나서 부여된 것처럼 착각하는 분들이 많은데 이는 허상일 뿐이다. 리더에게 부여된 지위나 특권은 자신의 어떠함과는 아무 상관이 없으며, 리더가 그 역할을 떠나면 같이 사라진다는 것을 기억할 필요가 있다.

46장

리더에게는 여유가 필요하다

개미집단에 대한 글을 읽은 적이 있다. 개미들의 20~30%가 일하지 않는다고 한다. 놀랍게도 일하는 개미만을 모아 집단을 구성해도 일정 비율은 일하지 않고 논다고 한다. 그 글을 읽고 나는 "세상에는 항상 빈둥거리고 무임승차하는 나쁜 20퍼센트가 있다."라는 결론을 냈다. 아마 일반 대중들도 비슷한 생각을 했을 것이다.

그런데 이후 일본 하세가와 교수 연구팀은 개미들을 연구하며 흥미로운 현상을 발견했다. 연구팀은 일본 전국에 서식하는 뿔개미속의 한 종류를 사육하고, 한 마리마다 구분할 수 있도록 색을 입힌 후 한 달 이상에 걸쳐 8개 집단, 1,200마리의 행동을 관찰했다. 관찰 결과, 처음에 일하던 개미가 피로하여 일하기 어렵게 되자 일하지 않고 놀던 개미가 일하기 시작하는 것을 확인했다.

연구팀은 또 컴퓨터 시뮬레이션을 통해 한 집단의 개미 모두가 일하다 일제히 피로가 쌓이는 경우와 일부 개미는 노는 집단을 비교했다. 결과는 어떠했을까? 전체가 모두 열심히 일하는 개미로 구성된 집단은 구성원 모두 일제히 피로가 쌓여 움직일 수 없게 되었을 때 집단이 멸망했다. 이에 반해 여유가 있는 개미들이 일정 비율 있는 집단은 오래 존속하는 것으로 나타났다.

하세가와 교수는 "비효율적으로 보이는 시스템이 집단의 존속에 꼭 필요하다."고 지적했다. 물론 많은 사람들이 무임승차하는 조직이 되라는 뜻은 아니다. 100% 극단의 효율로 돌아가는 조직은 위험하다는 것이다. 너무 빡빡하고 효율화되어 백업이나 버퍼가 없는 조직은 하나만 무너져도 도미노가 될 수 있고 위기나 위험 시 쓸 여유자원이 없어 대응하기 어렵다는 의미이다.

리더들 또한 그러하다. 얼마 전 한 후배를 만났다. 정말 열심히 하고 뭐든지 완벽하게 하려했다. 항상 일찍 출근하고 늦게 퇴근했다. 모든 것을 자신이 통제하고 알아야 직성이 풀렸다. 덕분에 모 그룹에서 최연소 팀장을 하고 있었다. 나는 그에게 일부러 충격을 주려고 이런 말을 했다.

"지금처럼 하면 초급임원까지는 승진하겠지만 그 위로 가기는 어렵다." 그는 내 말에 충격을 받은 듯했다. 나는 덧붙였다. "당신은 지금도 100%로 하고 있는데 상사라면 당신에게 어떻게 더 큰 역할을 맡기겠는가? 더 큰일을 주면 너무 힘들어하고 감당하지 못할 텐데. 약간의 버퍼가 있어야 큰일을 맡길 수 있지 않겠는가?"

리더가 너무 열심히 하고 책임 조직을 100퍼센트 통제하려하면 마이크로 매니징이 되기 쉽다. 최근 조직학자들은 조직의 규모가 커질수록 리더의 '통솔 범위span of control'를 넓히라고 권고한다. 과거에는 리더가 감당할 수 있는 조직 규모를 최적화해 충분히 통제선상에 있게 하도록 권고했다. 그런데 왜 늘려도 된다는 것인가? 이 말은 리더 산하에 조직을 너무 적게 두면 리더들이 과도한 마이크로 매니징을 하게 될 위험이 크다는 것이다. 불확실하고 복잡한 시대에 리더가 너무 세세히 파악하고 통제하는 것은 오히려 도움이 안 된다. 리더가 신경 쓸 것 외에는 모르거나 모르는 척하는 게 낫다.

물론 스타트업이나 일정 규모 조직까지는 리더가 모든 것을 디테일하게 장악하는 게 낫다. 그러나 규모가 있는 조직은 리더가 잘 모르거나 대충 아는 영역도 필요하다. 특히 새로운 시도와 아이디어가 필요한 곳은 좀 몰라도 된다. 알아서 하게 내버려 두는 것이 오히려 혁신에 도움이 된다.

리더가 많은 것을 구석구석 알고 하나하나 통제한다고 성공하는 것이 아니다. 잘 아는 것과 성장이나 성과를 창출하는 것은 별 관계가 없다. 평론가들이 선수들이나 코치보다 더 잘 알지만, 그들이 성과를 낼 수 있는 것이 아님과 같다. 리더는 자신이 할 중요한 일에 집중하고 사람들이 스스로 움직일 수 있는 판을 깔아줄 필요가 있다. 목표와 전략을 명확히 가시화하고 사람들이 스스로 움직일 수 있는 판만 잘 깔아줘도 조직은 턴어라운드turnaround·호전하거나 트랜스폼transform·전환할 수 있다.

리더의 시간 또한 여유가 필요하다. 100% 빡빡하게 사는 것은 위험하다. 10~20% 정도는 여유를 가지는 것이 좋다. 물론 위기 시나 턴어라운드 시기에는 당연히 100% 아니 110% 전념해야 하지만 계속해서 그렇게 하기는 어렵다. 비행기도 이륙할 때는 에너지를 엄청나게 쓰지만 운행할 때는 에너지를 가볍게 쓴다. 계속 이착륙에 쓰이는 정도의 엄청난 에너지를 써서는 먼 길을 갈 수 없다.

의외로 열심히 살면서도 무언가 여유가 있으면 잘못 살고 있는 듯 죄책감을 느끼는 성실한 리더분들이 꽤 있다. 이분들은 여유가 있으면 불안해한다. 빡빡하게 사는 것이, 낭비없이 사는 것이 훌륭한 삶 같지만 그러면 더 큰일, 긴급한 상황이 올 때 대응할 여지가 없다. 조금은 여유를 가지면서 공백을 만들어도 좋다.

47장

언제든 퇴임할 수 있다고 생각하며
자신의 커리어를 관리하라

얼마 전 퇴직통보를 받은 대기업 임원 후배가 찾아왔다. 이야기를 들어보니 분노, 허탈, 후회, 불안 등의 감정이 섞여 있었고 게다가 공황 장애 증상까지 있었다. 수십년간 충성을 다했던 회사에서 갑자기 퇴직통보를 받으니 그런 감정에 휩싸이는 것은 당연한 일인지도 모른다.

나도 젊었을 때는 대기업 임원들이 참 대단해 보였다. 아우라도 있고 매우 똑똑해 보였다. 평균적으로 사원들 100명 중 한 명정도가 된다는 임원들이기에 대단해 보였고 그들 앞에서 발표하려면 긴장이 되었다. 큰 딜의 결정권을 가진 그들의 질문이나 반응 하나 하나에도 의미를 부여하고 일희일비했다.

나이가 들고 보니 과거 어렵게 보았던 그런 임원들이 이제 참 평범해 보인다. 물론 똑똑함과 성실함으로 훌륭한 경영을 하기도 하고 사업을 턴어라운드 시키며 회사를 위해 큰 공헌도 하지만, 이면은 한 해 한 해 성과에 예민하며 주위 평가도 신경 써야 하고 인사권자 눈치를 보며 제너럴리스트로서 노후 걱정하는 평범한 사람들이다.

인사철이 되면 퇴임 임원들은 빠르게 짐을 싸서 나간다. 기업의 업종에 따라 빠른 분들은 40대 중후반, 늦어도 50대 중후반이면 대개 퇴임이 이루어진다. 어느 기업이건 승진 임원 숫자만큼의 퇴진이 되기에 승진 잔치가 벌어질수록 숨은 퇴임자가 많다.

나는 퇴직 임원들을 많이 만났는데, 그때마다 그들에게 몇 가지 조언을 했다.

1) 회사나 자신을 탓하지 마라. 당신의 잘못도 회사의 잘못도 아니다. 원래 임원직은 임시직이며 책임지는 자리다. 임원은 매년 올해가 마지막일 수 있다는 마음을 가질 수밖에 없다.
2) 한참 쉬었다가 일을 구할 생각을 하지 마라. 현업에서 떠나는 시간이 길어질수록 자신의 가치가 낮아진다.
3) 숨지 말고 가능한 여러 사람들을 만나라. 사람을 만나야 기회

가 생긴다.

4) 헤드헌터들과 적극적으로 커뮤니케이션하라.

5) 집에 있지 말고 매일 출근하라. 무언가 배우든 책을 읽든 운동
을 하든 루틴을 가져라.

퇴임하고도 활발히 활동하는 분들도 간혹 있다. 이런 분들의
공통점은 현직에 있을 때 주위 사람들에게 많이 베풀고, 퇴임 후
무엇을 할지 미리 준비하고 설계를 해놓은 분들이다. **이런 분들은
'직'에 빠져 있지 않고 '업'을 만든 분이다.** 이에 직책이나 직위가 사
라져도 홀로서기가 가능하다.

얼마 전 독일, 중국, 싱가폴 등에서 일하고 있는 50대 전문직
종사자 한 분을 만났다. 그분은 지금도 노트북 하나로 어디서든
직접 자료를 만들고 전문성을 발휘하며 디지털 노마드로 일한다.
그분이 한국에 와서 대기업에 다니는 동기를 만났는데 깜짝 놀랐
다고 한다. 왜냐고? 그 친구가 문서조차도 스스로 만들지 못한다
는 것이었다. 직원들을 시키기만 하다 보니 스스로 할 수 있는 능
력이 다 퇴화되었다는 것이다.

물론 리더들이 문서를 만들거나 직원의 일을 대신 하라는 의
미가 아니다. 리더는 리더의 일이 있다. 단지 일을 시키더라도 자
신의 지력과 인사이트가 분명해야 한다. 나도 그렇게 될까봐 지금

도 중요 기획, 프레임워크, 중요 발표자료들은 내가 직접 손으로 스케치한다. 물론 스태프들의 훈련을 위해서나 내가 생각지 못한 부분이 있을까 싶어 지시는 한다. 그러나 이 경우에도 중요한 것이라면 동시에 나도 스스로 구상하는 작업을 한다. 그리고 직원들이 자료를 가져오면 비교하여 피드백한다. 책이나 개인적 강의 자료 등은 당연히 내가 직접 워드나 파워포인트로 다 만든다. 이렇게 꾸준히 글을 쓰는 이유 중 하나도 이 때문이다.

리더들 또한 자신이 언제든 현직에서 나갈 수 있음을 명심하라. 자신의 커리어 포트폴리오를 준비해서 언제든 홀로서기를 할 수 있는 역량을 길러야 할 필요가 있다.

48장

리더의 멘탈 관리는 어떻게 해야 할까?

멘탈이 크게 흔들린 벤처 CEO들이 찾아왔다. 한 분은 계약을 하루 앞두고 갑자기 투자유치가 실패하여 자금 계획이 완전히 망가져서 왔다. 또 한 분은 창업부터 함께했던 핵심 팀장이 갑자기 팀원들을 데리고 한꺼번에 퇴사를 해서였다.

이런 상황은 창업하면 다들 겪는 것이긴 하지만 두 분에게는 당장 매우 심각한 일이었다. 멘탈이 매우 흔들려 며칠 동안 잠도 못 자고 한 분은 호흡도 제대로 못 하는 상황이었다.

두 분 다 공통적으로 "주위 다른 분들은 다들 멘탈이 강한 것 같은데 저만 멘탈이 이렇게 약합니다. 도대체 어떻게 하죠?"

라고 질문했다.

나는 대답했다. "그런 상황에서 멘탈이 멀쩡하면 소시오패스 겠죠. 정상이니까 힘든 거예요." 힘든 상황에서 멘탈이 멀쩡한 경우는 소시오패스거나 특별한 훈련을 받았거나 둘 중 하나밖에 없다. 그렇지 않은 이상 멘탈이 흔들리는 게 정상이다. 단지, 사람의 기질에 따라 흔들리는 포인트와 크기가 조금 다를 뿐이다. 대개 착한 사람일수록 멘탈이 약하다.

문제는 그런 상태에서는 정상적인 판단이 어렵다는 것이다. 둘 다 무언가 방안을 내놓는 데 전혀 합리적이지 않았다. 문제를 더 어렵게 하는 방안들이었다. 평상시 매우 똑똑한 사람인데 멘탈이 흔들리니 엉뚱한 판단을 하게 되는 것이다.

차분히 진정시키고 하나하나 짚어가면서 그 문제가 이슈이긴 하지만 그리 심각한 문제가 아니라는 것을 인식시키고, 왜 그렇게 멘붕이 온 것인지, 좀 더 합리적인 대안이 무엇인지 찾을 수 있게 도와주었다. 사실 문제의 해결책을 가장 잘 아는 사람은 두 CEO 본인들이다. 나는 두 사람의 마음을 진정시켜 합리적인 사고를 할 수 있게 도와주었을 뿐이다.

차분히 이야기를 마치고 나서 두 분 모두 "이제 살 것 같습니다. 해결할 방안이 보입니다."라고 말했다. 그중 한 사람은 문제가 다 해결되었고 그때 나를 만나지 않았으면 정말 큰일날 뻔했다고,

이번 기회에 큰 성장을 했다고 연락이 왔다.

이처럼 심리상태가 불안정할 때 중요한 판단을 내리는 것은 매우 위험하다. 이는 마치 술 마시고 운전하는 것과 비슷하다. 자신은 정상적으로 판단하고 있다고 생각하지만 실제로는 위험한 행동을 하게 되는 것이다.

멘탈이 크게 흔들릴 때는 우선 멘탈이 망가지는 것이 정상임을 인식한다. 그러므로 자책하거나 숨지 마라. 그리고 절대 중요한 의사결정을 하지 마라. 심리상태가 안정될 때 의사결정을 하라. 가능한 주변사람들에게 조언을 받아라. 문제가 생긴 분야의 전문가면 더 좋다. 그래야 자신의 좁은 시야에서 탈출할 수 있게 된다.

이는 단기적인 상황에서의 멘탈관리이다. 중장기적인 관점에서의 멘탈을 단단하게 하려면 일과 삶에 대한 태도와 관점이 필요하다.

첫째, 새옹지마의 관점을 가져라. 리더의 역할을 수행하면서 다양한 상황들이 발생할 것이다. 간혹 멘붕의 상황도 직면할 것이다. 이러한 상황에 마주했을 때 감정적으로 흥분하면 큰 실수를 하게 된다. 냉정하게 최선을 다한다. 그럼에도 불구하고 실패를 경험했거나 승진에 누락했더라도 이를 스스로를 한탄하거나 환경을 불평하고 다녀서는 안 된다. 운이라는 것이 좋을 때도 있고 나쁠 때도 있다. 이러한 상황에서는 새옹지마의 관점을 갖는 것이 좋다. 나쁜 일이 있으면 이후 올라갈 일이 있다. 또 지금 보면 나쁜 일이 이후 좋은 일이 될수도 있다. 무엇이 좋은 것이고 무엇이 나쁜 것인지는 시간이 지나봐야 한다. 너무 일희일비하기보다는 새옹지마의 관점을 가져라.

둘째, 어려움이 있다고 숨지 마라. 한 리더는 CEO에게 크게 책망을 당했다. 그러자 그 다음부터 숨기 시작했다. CEO를 만나는 것을 두려워하고 회피했다. CEO 보고에서도 자신감이 없었다. 그 결말이 어떠했으리라는 것을 독자들은 예상할 수 있을 것이다. 어떤 CEO들은 일부러 혼을 내고 책망을 하며 리더들을 시험하기도 한다. 그들이 회복탄력성이 있는지를 체크하는 것이다. CEO들은 혼이 나고도 다시금 오뚜기처럼 일어나 당당하게 나서는 리더들을 좋아한다. 따라서 한번의 실수나 책망이 있다고 해서 구석에 숨어 있지 마라. 그러면 영원히 숨게 된다.

셋째, 스톡데일 패러독스를 기억하라. 미국 스톡데일 장군은 베트남 전쟁 때 1965년부터 1973년까지 무려 8년간이나 동료들과 포로로 잡혀 있었다. 석방된 이후 그는 포로 기간 중 살아남은 사람들과 죽은 사람들의 차이가 무엇인지 고민했다. 그는 두 부류의 사람들은 중간에 거의 다 죽었음을 발견했다. 첫째, 비관론자들이다. "우리는 석방될 수 없어.", "희망이 없어."라며 한탄하던 비관론자들은 다 죽었다. 그런데 흥미롭게도 막연한 낙관론자들도 다 죽었다. "우린 곧 나갈 수 있어.", "희망을 가져." 하며 아자 아자 하던 낙관론자들은 일년이 지나도 이년이 지나도 상황이 좋아지지 않자 계속되는 상심을 못 이겨 죽고 말았다.

유대인 수용소에 있었다가 살아남아 유명한 《죽음의 수용소》를 쓴 빅터 프랭클도 이런 말을 한다. "크리스마스부터 새해 첫날 일주일 동안 수용소의 사망률은 그 어느 때보다 증가했다. 대부분의 죄수들이 크리스마스는 집에서 맞이할 수 있을 거라는 순진한 희망 속에서 살고 있었기 때문이다. 크리스마스가 다가오는데 좋은 소식은 없고, 그러자 죄수들은 용기를 잃고 실의에 빠지고 말았다. 이것이 그들의 저항력에 치명적인 영향을 미쳤고 그래서 많은 사람들이 죽어갔다."

두 사람 모두 살아남은 사람들의 특성을 강한 희망과 믿음은 가지되 현실은 냉정하게 보고 최악의 경우도 대비하는 사람이라고 말한다. 즉, 미래는 낙관하되 현실에 대해서는 냉정한 태도를 견지하는 '합리적 낙관주의'를 지닌 사람들만이 끝까지 살아남았다. "내 사전에 불가능이 없다."고 했던 나폴레옹도 부하들에게 항상 '반드시 이긴다'고 말했지만 작전을 세울 때는 치밀했다고 한다. 위험과 불리한 조건을 과장되게 평가하여 질문하고 대비책을 내었다고 한다. "작전을 짤 때는 '겁장이'가 되어야 한다."고 했다.

나 또한 리더 생활을 하며 항상 구성원들에게는 자신감있는 모습을 보였다. 그러나 뒤에서는 매월 성과를 철저히 계산했으며 리스크를 계산하고 목표를 달성하는 손짓과 발짓을 끊임없이 했다. 그러므로 백조와 같이 하라. 보이는 모습은 당당하게 하지만 발을 힘껏 젓는 것이다.

궁극적으로 '잘 될 거야', '성공할 거야'라는 믿음을 가진다. 그러나 과정에는 실패도 있을 수 있음을 예상하고 냉정하게 현실을 평가한다. 궁극적으로는 낙관적 희망을 견지하되 과정은 현실적으로 보는 이러한 마인드셋이 당신의 멘탈을 지켜줄 것이다.

리더십은 여정이다

나는 리더와 구성원들 양쪽을 많이 만나보았다. 그러면서 실감한 것은 많은 리더 가운데 처음부터 악하거나 독한 리더는 거의 없다는 것이다. 정말 소시오패스인 소수를 제외하고 리더들은 다들 구성원들에게 잘해주고 싶어하고, 행복하게 해주고 싶어한다. 좋은 회사 또는 좋은 조직을 만들고 싶어하고, 베풀고 가르치며 선한 뜻으로 살고자 한다. 그러나 극단적 구성원들에게 몇 차례 상처를 입으면서 이런 뜻을 버리기도 하고 냉혹하게 변하기도 한다.

구성원들도 마찬가지이다. 아주 소수를 제외하고 다들 조직 생활을 즐겁게 하고 싶어한다. 리더들을 존경하고 배우고 함께 멋진 조직, 멋진 회사를 만들고 싶어한다. 그러나 이들도 몇 차례 극단적 리더들에게 상처를 입으면서 시니컬해지기도 하고 모든 리더를 불신하기도 한다.

이에 서로가 조금 더 상대방의 입장에 서서 서로를 이해해줄 필요가 있다. 구성원들은 리더들에게 지지와 감사를 아끼지 말아야 한다. 리더들이 독해지고 나빠지는 것은 대개 소수의 구성원으로 인해서일 때가 많다. 다수의 구성원들이 침묵하지 않고 리더들에게 감사하고 리더를 인정하고 지지한다면 설령 리더가 극단적 구성원으로 인해 상처를 입더라도 회복하고 구성원들을 행복하게 해주려는 자신의 초심을 지키게 될 것이다.

리더들 또한 구성원들에게 지지와 인정을 아끼지 말아야 한다. 구성원들이 시니컬해지고 불신하게 되는 이유 또한 대개 소수의 리더로 인해서이다. 그들로 인한 상처를 잘 감싸주고 새살이 날 수 있도록 지원해준다면 구성원들은 회복하고 리더들을 이해하고 리더들을 신뢰하게 될 것이다. 이러한 역지사지가 이루어질 때 비로소 서로가 살고 조직이 살게 된다.

어느 누구도 리더십에 자신 있는 사람은 없다. 이러한 글을 쓰는 나도 마찬가지이다. 성공도 있지만 실패도 많다. 조직을 새로 맡으면 불신의 눈으로 보는 구성원들도 있다. 어느 환경에서든 구성원들로부터 환호받고 뛰어난 리더십을 발휘하는 리더는 거의 없다.

어떤 때는 환호를 받다가도 또 어느 때는 비난을 받기도 하는 것이 리더의 운명이다. 마치 승리를 하면 환호를 받다가 패배를 하면 비난받고 경질되는 스포츠 감독과 같다. 세상의 어느 리더도 항상 승리할 수는 없기에 리더는 비난을 피할 수 없다.

세계 최고의 리더 중 한 분인 예수조차 한때 대중들의 환호를 받았지만, 대중들의 돌멩이 세례와 비난을 받고 십자가에 못 박힐 정도였다. 리더십의 길은 시작도 없고 끝도 없다. 그저 '여정'이다. 그저 겸허함과 진정성을 가지고 훈련해나가면서 뚜벅뚜벅 걸어갈 뿐이다. 더 많은 리더와 구성원들이 서로 신뢰하고 사랑하게 되길 원하고 나의 작은 글들이 이를 위한 작은 초석이 되기를 바란다. 나의 후배들이 내 어깨 위에 서서 거인의 리더십을 발휘하길 소망한다.

거인의 리더십
역경의 시대, 지속가능한 성과를 내는
리더의 조건

초판 1쇄 2023년 5월 26일
초판 6쇄 2024년 11월 1일

지은이 신수정
펴낸이 김현종
출판본부장 배소라 책임편집 이병렬 디자인 이미경
마케팅 안형태 김예리 경영지원 박정아 김유미

펴낸곳 (주)메디치미디어
출판등록 2008년 8월 20일 제300-2008-76호
주소 서울특별시 중구 중림로7길 4, 3층
전화 02-735-3308 팩스 02-735-3309
이메일 medici@medicimedia.co.kr 홈페이지 medicimedia.co.kr
페이스북 medicimedia 인스타그램 medicimedia

ⓒ 신수정, 2023
ISBN 979-11-5706-291-1 (03320)